AF465787

OBSERVATIONS

SUR L'EFFICACITÉ

DE LA

GRAINE DE MOUTARDE BLANCHE.

OBSERVATIONS

SUR L'EFFICACITÉ DE LA GRAINE DE MOUTARDE BLANCHE,

DANS LES AFFECTIONS DU FOIE, DES ORGANES INTERNES ET DU SYSTÈME NERVEUX,

ET

SUR LES PRÉCAUTIONS GÉNÉRALES A PRENDRE POUR CONSERVER LA SANTÉ ET LA VIE.

PAR CHARLES TURNER **COOKE**,

Médecin consultant et Chirurgien à Cheltenham.

TRADUIT DE L'ANGLAIS.

« Quelque espoir que les rêves de la théorie puissent nous donner de parvenir à observer une juste proportion entre la nourriture et le travail, et à tenir le corps dans l'état de santé, en l'alimentant à proportion de ses pertes, nous savons par le fait, que les organes de la vie, s'ils ne reçoivent de l'exercice, dépérissent peu-à-peu; qu'à mesure que leur vigueur s'affaiblit, il s'engendre des obstructions, et que ces obstructions occasionnent la plupart des douleurs qui nous minent lentement, en se faisant sentir par intervalles, et qui, tout en nous laissant quelquefois vivre long-temps, rendent notre vie inutile, nous font traîner une misérable existence, et se jouent de nous avec la perspective de la mort. »

JOHNSON.

PARIS,

IMPRIMERIE DE LEFEBVRE,

RUE DE BOURBON, N°. 11.

1827.

A MONSIEUR

John TURNOR, Ecuyer,

DE STOCK ROCHFORD, PRÈS DE GRANTHAM.

Mon cher Monsieur,

Comme vous êtes le premier à qui je dois des notions pratiques claires sur les usages et les propriétés de la graine de moutarde blanche dans les cas multipliés auxquels je l'ai trouvée utile, surtout dans celui où j'ai si long-temps souffert, je crois que le sentiment de la plus simple justice et de la reconnaissance la plus ordinaire, me fait un devoir de vous dédier les observations que cet objet m'a suggérées.

Que vous puissiez jouir long-temps de cette santé que vous devez, avec l'assistance de Dieu, à l'adoption des mêmes moyens que nous nous proposons de concert de recommander aux autres; et que vous puissiez jouir de plus en plus de ce bonheur qui est la récompense de la bienveillance désintéressée: c'est le sincère désir de,

Mon cher Monsieur,

Votre très-humble serviteur,

Signé Charles Turner Cooke.

Cheltenham, janvier 1826.

PRÉFACE.

Ne regardant, comme j'ai toujours fait, la pratique de la médecine comme honnête et satisfaisante, qu'autant qu'elle consiste dans l'application du bon sens commun à un objet particulier, et qu'on ne se propose que l'avantage de ceux pour qui on l'exerce, je pense qu'en en mettant les principes à découvert, et en encourageant les hommes savans et habiles qui n'appartiennent pas à la profession, à étudier ces principes et à s'y conformer, ce serait servir les intérêts de l'humanité, faire faire des progrès à la science, en soutenir la dignité d'une manière plus efficace, et assurer plus de succès à chaque praticien en proportion de ses véritables talens. (*). Je m'efforcerai donc, dans les observations suivantes, d'éviter de me servir d'expressions qui pourraient n'être pas intelligibles pour les Lecteurs peu versés dans la science. Ce n'est pas une pure théorie, ce sont des réflexions qui naissent de la pratique, et qui sont confirmées par elle.

Tout individu qui a eu le malheur de passer de l'état de santé à une indisposition, ou maladie, sentira l'utilité de chercher à se maintenir sain et sauf, ou de le redevenir. Et comme je ne sache pas qu'il ait encore été donné de sanction publique aux moyens *préventifs* et *curatifs* de médecine auxquels je me propose de rendre justice sous ce double point de

(*) Je ne puis m'empêcher d'étendre cette remarque aux personnes du beau sexe, sensées et respectables, en considérant combien la portion la plus importante de la culture physique, comme de la culture morale de l'espèce humaine, est abandonnée à leurs soins; et combien la nature de la constitution et du tempérament dépend de la manière dont elles gouvernent cette époque de la vie, dont elles sont ordinairement les gardiennes. Généralement parlant, selon les principes qui règlent l'éducation physique durant cet âge, la constitution sera constamment forte ou faible.

vue, j'ose me flatter que je rendrai quelque service au Public en général, mais plus particulièrement à mes compatriotes, et aux personnes que des motifs de santé ont appelé dans ce séjour de délices. Qu'un examen sincère des *principes*, et l'adoption judicieuse de la *pratique*, inculqués ici, auraient pour effet d'adoucir sensiblement les souffrances humaines, et de conserver la santé et la vie, je le répète, c'est ma ferme croyance; bien plus, comment puis-je douter de leur excellence, lorsque c'est à ces principes que je dois surtout la satisfaction que j'ai éprouvée en exerçant non-seulement mes fonctions médicales, mais encore mes fonctions chirurgicales, et que c'est à cette pratique que je dois non pas seulement le rétablissement, mais la *première possession* d'une santé *satisfaisante*?

Après m'être ainsi expliqué, je ne dois pas cacher, et je ne dédaigne point d'avouer à ceux de mes Lecteurs peu familiers avec cette science, ce qui ne manquera pas de frapper de suite le lecteur érudit, que le principe général sur lequel mes conseils reposent; et qui plus est, que les expressions mêmes dans lesquelles il est énoncé, sont précisément celles qui se trouvent si bien présentées et employées dans un ouvrage plus détaillé sur un sujet pareil, ouvrage qui ne fait pas moins d'honneur au jugement qu'au cœur de l'Auteur; je veux dire un *Traité* sur les dérangemens du foie, des organes internes, et du système nerveux, par le Docteur James Johnson : je ne puis non plus citer son nom sans lui exprimer publiquement ma reconnaissance de la satisfaction que j'ai goûtée à adopter dans ma pratique les vues qu'il a si savamment développées.

Pendant le court espace de temps que j'ai eu pour la préparation d'une seconde édition de ces Observations, je me suis efforcé de les rendre plus satisfaisantes pour le Lecteur qui en fait son étude, et plus utiles pour le monde en général. Dans cette vue, je suis entré dans de grands détails sur leur objet immédiat, ai ajouté un grand nombre d'autres aperçus pour ménager convenablement la santé et la vie, et j'ai fait connaître un petit nombre de circonstances propres à justifier la doctrine que je suis jaloux de maintenir.

C'est pour cela, et parce que je ne prétends point que ce que j'ai dit à l'égard des eaux de cette ville soit considéré comme *leur* étant *exclusivement* applicable, que j'ai changé le titre de cette brochure. Il sera évident cependant pour toute personne qui a une connaissance complète de la nature des eaux de Cheltenham, que leur principale vertu consiste dans l'efficacité qu'elles ont pour la classe de maladies dont je me propose de parler, et qu'en les citant particulièrement je n'ai été mu par aucune préoccupation locale, mais que je n'ai fait que constater l'occasion que j'ai eue d'éprouver les effets de la graine de moutarde, principalement dans les cas de ceux qui faisaient usage des eaux que renferment nos murs.

J'embrasse volontiers l'opinion, qu'avec la graine de moutarde on peut se passer des eaux, et que bien des personnes s'en sont très-bien trouvées ; et quoique je pense qu'on ne saurait entendre le contraire, en prenant le premier Titre de cet Ouvrage, dans son véritable sens, comme on s'y est mépris je l'ai changé.

10 Mars 1826.

L'accueil favorable que ces Observations ont reçu du Public en général, me donne l'espoir que je ne les ai pas publiées en vain. En me proposant donc d'ajouter dans cette troisième édition, quelque chose sous la forme de Préface, je n'ai en vue que d'exprimer d'une manière bien prononcée l'accroissement de la conviction où je suis, que ce n'est que par le *défaut de bonne direction* dans la manière d'administrer les remèdes que ces Observations ont pour objet de recommander ; par le *défaut de persévérance* dans leur usage ; et par le *défaut de précaution* dans le choix, qui doit être approprié aux effets que l'on veut produire ; que ce n'est, dis-je, que par toutes ces circonstances que l'on peut retarder le suffrage général que doit conquérir cette précieuse graine.

1er Mai 1826.

Avant de faire moi-même aucune observation sur l'efficacité d'un remède dont il est peu de personnes qui n'aient entendu parler, si elles n'en ont éprouvé la vertu, je dois rendre hommage à la philanthropie de celui qui l'a promulgué, en transcrivant, pour en rendre la lecture plus sérieuse qu'on ne l'a peut-être généralement fait jusqu'à ce jour, le récit simple et pur qu'il donne lui-même de l'origine et des progrès de sa découverte avec ses vertus. Il a jusqu'ici été donné au public, soit sous la forme de journal, soit imprimé sur un feuillet (*), pour en rendre la connaissance plus universelle parmi les pauvres ; et je crains que par cette circonstance, il n'ait pas obtenu l'honneur et l'attention qu'il mérite si bien. Je le présente maintenant *mot à mot*, afin que l'on reconnaisse qu'il est digne d'un accueil distingué, et exempt de ce charlatanisme que produit l'enthousiasme d'un succès chimérique. J'ajouterai seulement, pour l'instruction de ceux dont il n'est pas connu, que l'auteur de cet écrit n'a pu, par la nature même des choses, avoir d'autre objet en vue, en faisant ainsi connaître sa découverte et ses propriétés, que celui d'en faire partager les avantages à ses semblables. Il est autant au-dessus de la tentation de tout charlatanisme, ou de tout procédé déloyal, que ceux qui excusent ces vices, doivent être naturellement au-dessous de son amitié.

(*) La 1re impression de ce Traité fut faite au mois de mars 1824, et fut insérée dans le supplément du *Gentleman's Magazine*, de cette année.

OBSERVATIONS

SUR LES PROPRIÉTÉS MÉDICALES

DE LA

GRAINE DE MOUTARDE BLANCHE,

PRISE EN NATURE.

Au mois de juin 1822, je fis l'essai de la graine de moutarde blanche, uniquement comme apéritif; et je m'en trouvai immédiatement si bien dans toutes les parties de mon être, que je fus tenté de lui chercher d'autres propriétés médicales, au moins aussi importantes, et d'en distribuer à quelques pauvres du voisinage; le succès excita ma surprise. Depuis lors, je me suis fait une habitude de la recommander à tout le monde, et je me suis pleinement confirmé dans l'opinion que j'ai toujours eue, que le public n'en sent pas les propriétés extraordinaires, ni la grande variété des cas auxquels elle est applicable, et qu'il suffirait, pour la faire adopter comme remède dans les maladies, d'en bien connaître les vertus.

La graine de moutarde blanche est un remède presque certain pour toutes les maladies qui ont quelque rapport avec le dérangement des fonctions de l'estomac, du foie et des intestins, et, comme telle, elle a été extrêmement avantageuse, entre autres cas dans les suivans : la tendance du sang à se porter à la tête, les maux de tête, la faiblesse de la vue et de la voix, ainsi que l'enrouement, l'asthme, la courte haleine, la toux, et autres affections morbifiques de la poitrine; les indigestions, l'oppression après avoir mangé, les vents et les spasmes, les crampes et autres affections douloureuses, ou malaises de l'estomac; les faiblesses, inquiétudes, douleurs et irritations que l'on ressent dans l'intérieur du corps, et particulièrement au creux de l'estomac; les douleurs aux côtés et au bas-ventre, les secrétions faibles ou surabondantes de la bile, les obstructions qui peuvent occasionner le squirre, ou induration du foie, la torpeur, et autres affections morbifiques de cet organe; la difficulté de transpiration, la gravelle, la rareté et la condition mal saine des urines, et autres maladies de la peau et des reins; le relâchement ou l'irritation des intestins, les flatuosités et la constipation accidentelle ou habituelle, les rhumes graves, les rhumatismes, le lumbago, les spasmes et les crampes du corps et des membres, l'hydropisie générale et partielle, la paralysie, le froid et l'engourdissement des membres, la perte de l'appétit, ou du sommeil, la faiblesse des nerfs, l'abattement de l'esprit et la débilité générale du système. Dans la fièvre intermittente ou rhumatismale, la goutte, l'épilepsie, les scrophules, le scorbut, les érésypèles ou feu Saint-Antoine, dans l'affection si terrible, appelée tic douloureux, dans la convalescence de la petite vérole, le typhus et la fièvre scarlatine, et autres maladies graves, ayant rapport avec un état d'altération des organes internes, on l'a prise avec un très-grand avantage. C'est un excellent vermifuge, et propre à être administré aux adultes comme aux enfans. Il ne détruit pas seulement ces reptiles, mais si l'on en continue l'usage pendant assez long-temps pour rendre l'élasticité à l'estomac et aux intestins, il empêchera leur retour. Le cas suivant fournit une preuve frappante de la vertu extraordinairement curative de la graine de moutarde. Un respectable chirurgien et apothicaire, que je connais depuis long-temps, homme d'une conduite régulière et très-sobre, qui, pendant l'espace de trente ans, avait soutenu les fatigues de son art, dans une vaste contrée, sans être presque un seul jour malade, fut, à l'âge de cinquante-deux ans, subitement attaqué d'une douleur aiguë, au côté gauche, et à la région inférieure du corps. Supposant que sa douleur venait d'une constipation d'entrailles, il eut recours au mercure doux, à la rhubarbe, à l'huile de castor, et à divers autres apéritifs actifs, mais sans obtenir du soulagement. Il prit alors un émétique, se fit faire une copieuse saignée au bras, fit usage d'un bain chaud, se fit appliquer les vésicatoires à la partie affectée, et resta pendant soixante et dix heures dans le plus grand état de transpiration. Par ce traitement, la douleur s'appaisa peu-à-peu, mais en le laissant, toutefois, au bout de quatre jours, extrêmement faible et maigre. Pendant deux jours après, il eut de fréquens et rudes retours de douleur, et sa constitution étant minée, l'estomac, le foie, et les parties nobles furent sensiblement affectées ; vinrent ensuite l'indigestion, la constipation et les flatuosités, avec les apparences d'un dépérissement général. Ayant consulté plusieurs hommes de l'art, et pris une grande variété de remèdes pendant ce temps, mais sans aucun succès, en novembre 1822, il fit l'essai de la graine de moutarde. Il est remarquable, que fort peu de jours après avoir pris de cette graine, la douleur cessa entièrement, et ne s'est jamais plus fait sentir. L'action des organes affectés, s'est rétablie peu-à-peu, la digestion est revenue, les intestins ont repris leurs fonctions, et à différens intervalles, il fut soulagé par l'émission de diverses petites parties de gravelle. Encouragé par ces avantages, il continua l'usage de la graine avec un redoublement de confiance. En novembre 1823, il se débarrassa, à son grand soulagement, d'une grande partie de gravelle oblongue et inégale ; et pour me servir de ses propres termes, sa santé avait alors et depuis quelque temps atteint un état d'amélioration fait pour surprendre.

La graine de moutarde a une vertu aussi préventive que curative. Le cas suivant, justifie d'une manière remarquable de sa qualité préventive. Un de mes amis, pendant cinq ou six ans avant l'année 1823, fut attaqué régulièrement de l'asthme d'été, aux mois de juin ou juillet, dans chacune de ces années. Ces attaques furent toujours violentes, et pour la plupart accompagnées de quelque danger; aussi sa constitution fut-elle affectée par cette indisposition, et les remèdes qu'elle occasionnait (dont le principal consistait dans la saignée et les vésicatoires) que chaque maladie le forçait à garder environ trois mois ses appartemens. Vers le commencement de cette année-là, il résolut de faire l'essai de la graine de moutarde, pour empêcher, s'il était possible, le retour de l'asthme; et au mois de mars il en commença l'usage, et n'a cessé dès-lors d'en prendre régulièrement une fois tous les jours (plein une cuiller à café, environ une heure après dîner) jusqu'à ce moment. Pendant ce long espace de temps, il a non-seulement échappé à cette affliction, mais sa santé n'a jamais été interrompue par aucune espèce d'indisposition, et s'est fortifiée progressivement, et il jouit maintenant d'un degré de force, d'activité et de vigueur, tel qu'il ne se souvient pas avoir eu à aucune autre époque de sa vie. L'on sait que les plus terribles maux corporels auxquels nous soyons exposés, proviennent des rhumes, qui sont principalement notre partage, par l'extrême irrégularité de la température de notre climat. Comme moyen d'anéantir cette source féconde de maladie, la graine de moutarde a été employée en maintes occasions, avec un succès remarquable. Depuis le mois de juin 1822, jusqu'à ce jour, (espace de plus de trois années) je n'ai cessé d'en prendre régulièrement une fois par jour, et pendant tout cet intervalle, je n'ai jamais été affecté du plus léger rhume, et ai joui sans interruption d'une verte santé.

Un de mes proches parens aussi, dont la vie avait été depuis plusieurs années fréquemment exposée au danger le plus imminent, par des affections inflammatoires de poitrine, attaqué par un rhume auquel il était singulièrement sujet, en a heureusement éprouvé un avantage semblable. Si les personnes d'une frêle constitution et susceptibles de s'enrhumer, voulaient se prévaloir de cette remarque, et si tous ceux indistinctement, qui à la première attaque de maladie, non accompagnée de symptômes inflammatoires prononcés, avaient recours à la graine de moutarde pendant quelques semaines, on peut raisonnablement présumer qu'ils se soustrairaient ainsi aux souffrances humaines, à un point qui étonnerait leur calcul.

Après ce qui a été dit, il est presque superflu d'observer que la graine de moutarde est particulièrement propre aux personnes dont les habitudes, la situation et le genre de vie les rendent plus particulièrement sujets au dérangement des fonctions de l'estomac, du foie et des intestins, avec la grande variété des maladies fâcheuses qui sont dues à cette cause. Dans cette classe il faut principalement compter les personnes studieuses et sédentaires, dont la constitution a souffert d'un long séjour dans des climats chauds, les marins et matelots pendant qu'ils étaient sur mer, les manufacturiers et mécaniciens de toute espèce, les mineurs et ceux qui travaillent sous terre, les indolens et les intempérans, les pauvres qui souffrent d'un travail pénible et de l'exiguité des alimens, et les personnes avancées en âge. La graine de moutarde a aussi pour les enfans de douze mois et au-dessus des effets très-salutaires comme remède contre les vers, et comme spécifique pour suppléer à l'extrême faiblesse de l'estomac et des intestins, si fréquemment inhérente à leurs tendres années. Lorsqu'ils la prennent, une éruption considérable de la peau a souvent lieu, et ce résultat ne manque jamais d'être profitable à leur santé. L'emploi de cette graine est surtout bienfaisant dans les maladies particulières aux femmes, et est très-salutaire après avoir gardé long-tems les appartemens, et surtout après des couches laborieuses ; et lorsque la mère nourrit, l'enfant en retire aussi un avantage infini, en ce qu'elle corrige toutes les irrégularités des fonctions de l'estomac et des entrailles, et le fait ainsi prospérer d'une manière merveilleuse.

Dans la graine de moutarde se trouvent combinées des propriétés apéritives, laxatives et toniques, également précieuses, et, tout en apportant aux intestins le soulagement le plus salutaire et le plus agréable, elle ne les affaiblit jamais ; au contraire, elle les renforce à un degré remarquable, ainsi que l'estomac, et finalement tout l'appareil organique. Son efficacité consiste dans une communication d'énergie et d'activité aux mouvemens du canal alimentaire, et c'est de cette manière peut-être qu'elle opère en facilitant les sécrétions de l'estomac, du pancréas et du foie, par lesquelles la digestion s'opère. En d'autres termes, l'efficacité de la graine de moutarde, pour chasser et prévenir les maladies, ne dérive d'aucune vertu spécifique contre chaque maladie en particulier, mais de la vigueur et de la santé qu'elle donne à tout le système au moyen d'une grande amélioration de l'état de l'estomac, du foie et des intestins, qui met notre constitution à même de repousser et de prévenir les diverses maladies détaillées plus haut. Cette façon d'envisager le sujet, jointe au fait bien connu que la grande majorité des maladies ont leur source dans un état de désordre des organes dont on vient de parler, explique d'une manière satisfaisante le succès extraordinaire de ce médicament dans des maladies si variées et si contraires. La graine traverse le corps toute entière et très-peu gonflée, si même elle l'est du tout; de la sorte, en même temps qu'elle communique ses vertus médicinales à tout le système, au moyen du mucus dont elle provoque constamment la sécrétion dans son passage à travers le canal alimentaire, elle aide probablement par sa propriété stimulante à chasser au dehors le contenu des intestins. Elle a fréquemment réussi là où tous les autres remèdes avaient échoué; elle ne perd jamais son effet par l'usage; elle n'exige ni que l'on garde la chambre, ni que l'on observe un régime particulier; et dans l'absence de symptômes décidément inflammatoires, elle peut toujours être employée avec sécurité.

Indications à observer soigneusement.

La graine de moutarde doit toujours être avalée entière (sans la briser ni la mâcher), et soit seule, soit dans un peu d'eau ou d'autres liquides, chauds ou froids. Pour les enfans ou les personnes qui éprouveraient de la difficulté à l'avaler, on recommande la méthode suivante : chaque dose, au moment d'en faire usage, doit être détrempée dans de l'eau bouillante pendant une ou deux minutes; après quoi, on la peut prendre dans un peu de gruau, d'eau d'orge ou tout autre liquide onctueux, et, si cela est nécessaire, on peut y ajouter un peu de sucre pour la rendre plus agréable au palais.

Généralement parlant, on devrait prendre trois doses par jour sans intermission : la première environ une heure avant le déjeuner; la seconde environ une heure avant le dîner, et la troisième, soit au moment de se mettre au lit, soit une heure auparavant. Ceux qui ne dînent qu'à six ou sept heures, doivent prendre la seconde dose à deux ou trois heures, et la troisième environ une heure après dîner. La graine de moutarde, lorsqu'on la prend après dîner, cause quelquefois de l'irritation ou du malaise; et lorsque cet inconvenient est considérable, on doit prendre la seconde dose environ une heure après ce repas.

La quantité de graine pour chaque dose doit toujours être réglée par l'effet qu'elle produit sur les intestins, qu'on ne doit pas purger, mais que, dans tous les cas, on doit maintenir parfaitement libres. Chaque dose par conséquent doit contenir une quantité de graine telle que tout ce qu'on prendra dans un jour suffise pour produire une évacuation complète et salutaire de ce qui se trouve dans les intestins; effet auquel on doit toujours apporter une attention particulière, et dont la production constitue tout l'art d'employer ce remède. La quantité nécessaire pour chaque dose doit donc, dans tous les cas, être déterminée par des essais et réglée par le jugement de la personne qui fait usage de la graine; en général, deux ou trois grandes cuillérées à café pour chaque dose produiront l'effet désiré, et pour quelques constitutions, des doses beaucoup plus faibles suffiront. Si cette quantité n'opérait pas, on pourrait porter chaque dose au contenu d'une cuiller à soupe; et dans quelques cas, on pourra en toute sûreté ajouter une quatrième cuillerée entre le déjeuner et le dîner.

Lorsque les doses ainsi augmentées manqueront de produire l'effet désiré sur les intestins (chose qui toutefois arrive très-rarement), il faudra aider l'action de la graine, en prenant un peu de sel d'epsom ou autre purgatif doux tous les matins, ou de deux ou trois jours l'un, au lieu de la première dose de graine, suivant le besoin. Si le malade est incommodé par les hémorrhoïdes, il sera convenable de soulager de temps à autre les intestins en prenant une cuillerée à café de lait de soufre et une égale quantité de magnésie mêlées ensemble dans un peu de lait ou d'eau, en même temps qu'on prendra ou après avoir pris la dernière dose de graine.

Le cas suivant servira à prouver le grand avantage que l'on peut retirer dans certaines circonstances de l'emploi judicieux d'un remède apéritif. Un de mes amis, dont les intestins ne faisaient presque plus de fonctions, et qui d'ailleurs était très-malade, prit trois et quelquefois quatre cuillers à soupe de graine chaque jour, sans éprouver d'effet sensible dans ses intestins. Après avoir observé ce régime pendant plusieurs jours de suite, non sans beaucoup d'inconvéniens, il changea de plan, et prit une petite dose de sel d'epsom avant déjeuner, une cuiller à café de graine de moutarde environ une heure après dîner, et pareille dose en se couchant, pendant environ dix jours consécutifs; et alors il trouva que trois doses modérées de graine par jour (chaque dose n'étant que d'une petit cuiller à café) devenaient amplement suffisantes pour produire l'effet désiré sur les intestins, sans avoir besoin de revenir au sel d'epsom. Il est à propos d'ajouter que quelques pommes rôties ou quelques poires cuites au four prises le soir, environ un quart d'heure avant la dernière dose de graine, peuvent, dans certains cas, tenir lieu de remède apéritif.

Dans les paralysies, l'asthme, les fièvres, les maladies du foie, les rhumatismes, et lorsqu'on a des vers, il faut prendre la graine de moutarde à doses un peu plus fortes que dans les autres cas; et dans les affections anciennes et très-opiniâtres, on peut les porter à quatre ou cinq grandes cuillers à soupe par jour, si les intestins les supportent sans inconvenient. Dans ces cas, ainsi que dans d'autres déjà spécifiés, on devra avoir recours soit au sel d'epsom, ou tout autre apéritif doux, soit à un mélange de soufre et de magnésie, si cela est nécessaire. Dans le cas d'asthme, le malade doit toujours prendre la première dose de graine avant de se lever.

Lorsque la graine est prise comme préservatif par des personnes naturellement délicates et disposées à la consomption, ou susceptibles de ressentir les impressions du froid; ou par d'autres, pour prévenir le retour de quelque maladie, ou enfin comme remède contre la constipation ou quelque légère attaque de maladie, une seule dose par jour, environ une heure avant le déjeuner, ou (ce qui est généralement préférable) environ une heure avant le dîner, remplira très-fréquemment l'objet désiré, pourvu que la quantité soit suffisante pour tenir les intestins constamment libres.

Il ne reste plus qu'à faire observer que la persévérance dans l'usage de la graine de moutarde (conformément aux indications ci-dessus) pendant l'espace de deux, trois, quatre ou six mois, et, en beaucoup de cas, pendant une période de temps beaucoup plus courte, manquera rarement de convaincre le malade de son efficacité et de sa vertu singulière, soit en effectuant une cure complète, soit en apportant un soulagement réel et très-durable. Ce remède est en effet si parfaitement salutaire, et l'avantage qu'on en retire est en général si certain et si considérable, que, si un ou deux mois d'épreuve ne produisaient pas d'amélioration sensible, on serait néanmoins fortement encouragé à en continuer l'usage. On ne doit pas non plus s'effrayer du retour accidentel du mal dont on était attaqué (chose à laquelle il faut s'attendre quand le mal était ancien et opiniâtre), puisque chaque nouvelle attaque sera moins forte que la précédente, et que les intervalles entre elles augmenteront successivement jusqu'à ce que, par degrés (suivant toute probabilité), le mal sera finalement détruit, et la santé définitivement rétablie.

I. T.

Lincolnshire, Octobre 1825.

Le simple récit qu'on vient de lire, de l'origine et des progrès de cette célébrité que la graine de moutarde blanche a presque exclusivement obtenu, et l'énumération non moins naïve des diverses maladies où on l'a *trouvée* utile, me laissent peu à faire pour l'intérêt de la propagation de son usage. Il me reste donc plutôt à appuyer de mon témoignage la vérité de cet exposé, et à expliquer l'absurdité apparente de cette classification de maladies.

C'est ce que je suis en état de discuter substantiellement, d'après les relations multipliées que j'ai eues personnellement avec l'Auteur. Il sera en effet bien facile de concilier une apparente incompatibilité, si ce n'est aux yeux des personnes qui ignorent l'importance vitale de l'état des organes digestifs, et de leurs fonctions, soit par rapport à la production ou à l'extirpation de la maladie, qui ne savent pas que l'estomac est, dans le système physique, exactement ce qu'est le cœur dans le système moral, la source d'où procède tout ce qui est bon ou mauvais.

C'est au moyen de la surface intérieure du canal alimentaire, que l'édifice du corps humain est d'abord construit (*), et ensuite entretenu. C'est de la pureté des fonctions de cette vaste surface, que dépend en général la pureté des fonctions de toutes les autres parties du corps. Les organes abdominaux qui concourent à la digestion et à la chylification, sont tous enchaînés par les liens les plus étroits de la sympathie. L'estomac, le foie, le canal intestinal et le pancréas, ont des fonctions si dépendantes entr'elles, qu'aucun ne peut être dérangé sans faire participer les autres à ce dérangement. C'est ce qui est aujourd'hui universellement admis.

Le tissu, ou membrane qui enveloppe les organes digestifs, depuis la bouche jusqu'au rectum, est une surface sécrétive qui fournit constamment un fluide nécessaire pour la digestion de la nourriture dans toutes les phases de ses progrès; et un fait bien connu, c'est que toutes les fois qu'une glande, ou surface sécrétive a éprouvé de l'irritation, le fluide qu'elle a dégagé est dénaturé en quantité ou en qualité. Tantôt il dimi-

---

(*) De là, la haute importance de la nourriture et du régime des enfans, particulièrement de ceux qui manifestent une prédisposition à la faiblesse et à la maladie. La nourriture qui ne se digère pas, ne nourrit point, et il n'y a que celle qui nourrit, qui soutient ou donne une vigueur durable. Il n'est pas moins vrai que les organes digestifs sont sujets à se détériorer beaucoup plus tot que les parens ne se l'imaginent communément, autrement ils seraient beaucoup plus jaloux de s'abstenir de donner aux enfans des alimens que leur estomac sont dans l'impossibilité absolue de digérer, et qui les mettent dans la nécessité de prendre des remèdes. Voilà pourquoi tant d'enfans se plaignent, et qu'un plus grand nombre encore mènent une vie qui n'est qu'une lutte continuelle entre les médicamens et les maladies, les uns étant souvent aussi destructifs d'une véritable santé que les autres.

Il faut, pour former une forte constitution, une certaine quantité d'alimens, autrement, tôt ou tard, le corps perd sa vigueur. Peu importe à l'économie générale, que le vice soit dans l'estomac, ou dans les intestins, ou ailleurs.

nue, tantôt il s'accroît, mais toujours dans un état de détérioration. Cela peut s'expliquer par un exemple familier, c'est lorsque la membrane muqueuse du nez et des bronches reçoit l'action subite d'un changement atmosphérique, comme dans un froid ordinaire. D'abord, la membrane est sèche et à demi-enflammée; ensuite, une sécrétion plus copieuse que d'habitude se fait jour, et d'une qualité si âcre qu'elle écorche le nez et les lèvres elles-mêmes. Il en est tout-à-fait de même de la membrane muqueuse qui enveloppe l'estomac et les intestins. Lorsque les sécrétions sont désordonnément provoquées par la quantité ou la qualité de la nourriture et de la boisson, elles sont irrégulières et corrompues; aussi s'engendre-t-il une source constante d'irritation dans cette classe importante d'organes. Cette irritation est propagée par sympathie, (car nous n'avons pas de meilleur terme pour exprimer le fait) *pour presque toutes les parties du système du corps humain*; et le praticien intelligent peut clairement découvrir les fonctions viciées des viscères abdominaux, *dans l'état de l'âme, des nerfs, des muscles, des excrétions, de la peau*, et même des *jointures* et des *os*. On ne peut trop rappeler cette grande vérité, malheureusement trop négligée, que *lorsqu'une partie quelconque du système reçoit une action irrégulière, une ou plusieurs autres parties sont privées de leur juste participation à une énergie vitale*, comme nous en voyons tous les jours des exemples dans ce qu'on appelle *dessiccation par vésicatoires*, etc. Or, lorsqu'une si grande puissance d'irritation, et par conséquent de provocation, est constamment tenue concentrée autour de l'appareil digestif, il est aisé de voir comment *les systèmes animal et intellectuel doivent s'en ressentir rudement. L'état de dérangement des nerfs, l'irritabilité du tempérament, et le défaut d'élasticité dans les muscles*, qu'il est si aisé de remarquer dans les douleurs d'estomac et du foie, fournissent la preuve la plus convaincante de la vérité de ces positions.

Lorsque nous considérons les diverses manières dont les fonctions du foie et des organes digestifs peuvent être dérangées, tant par l'application directe des substances irritantes aux viscères eux-mêmes, que par leur cooperation avec la surface du corps, la cervelle et le système nerveux, etc., nous ne pouvons nous étonner des progrès que cette classe de maladies a fait dans les temps modernes, et surtout dans les sommités sociales.

La chaîne des sympathies entre la peau et les viscères abdominaux est très-étendue. Aussi, dans ce climat où tous les changemens possibles d'atmosphère sont plus nombreux et plus subits que dans toute autre partie du globe, les fréquens dérangemens dans le système vasculaire et nerveux de la peau, provenant des variations atmosphériques, troublent perpétuellement la balance de la circulation et de l'action qui la provoque dans les organes intérieurs.

D'abord apres, en raison de son importance, vient l'habitude d'avaler des liqueurs spiritueuses et fermentées, qui ont pour effet direct, et que l'on pourrait appeler *spécifique*, de déranger les fonctions, et ultérieurement la structure de l'estomac, du foie et des intestins.

Les manifestations de l'âme correspondent aux dérangemens des organes et des fonctions corporelles. Ainsi, l'ivrogne est incapable d'attention; il manque de mémoire et de jugement, il devient irrésolu, timide, et même poltron. Les heures du matin lui pèsent, et il est malheureux jusqu'à ce qu'il rentre sous l'influence de ce stimulant que l'habitude et son état valétudinaire ont maintenant rendu indispensable pour lui. Enfin, il devient hébêté et stupide, et meurt ordinairement paralytique, apoplectique, hydropique ou maniaque.

Mais comme c'est aux organes digestifs que les substances enivrantes sont immédiatement appliquées, ce sont eux qui supportent le fardeau des effets morbides. Le foie est offensé, et les sécrétions en sont viciées d'une manière remarquable. Il est reconnu que les foies des animaux nourris des résidus de grains, après la distillation et la fermentation, se trouvent plus durs et plus volumineux. Il en est exactement de même chez les grands buveurs. L'irritation constante de l'enveloppe des organes digestifs emprisonne une certaine quantité de sang dans ces viscères, qui se résout en congestion, inflammation chronique, ou obstruction. Dans ce pays où l'on consomme annuellement une quantité si énorme de bière, de vin et d'esprits, ces effets pernicieux s'y font remarquer en proportion, et l'on pourrait expliquer par là les maladies de l'estomac et du foie qui règnent si généralement, mais malheureusement il est beaucoup d'autres sources de ce mal cruel.

Une troisième cause d'influence qui agit puissamment dans ce pays, c'est le *jeu des passions*. Les habitans de l'Angleterre, par leur situation géographique, leurs habitudes mercantiles, et leur caractère politique, sont mus par des sentimens plus énergiques que tout autre peuple sur la surface du globe. Je parle ici collectivement; mais, en analysant de plus près les différentes classes de la société, nous trouverons que le goût d'une vie commerciale et manufacturière doit, pour des raisons palpables, entraîner ceux qui s'y livrent dans un labyrinthe de doutes, d'inquiétudes et de passions orageuses, qui ont une influence particulière sur les organes biliaires et digestifs en particulier. Les effets que produisent des émotions fortes et soudaines, comme la crainte, la surprise, le chagrin, etc., sur l'estomac et le foie, méritent que nous les méditions tous les jours ; et les mêmes causes agissant plus lentement et imperceptiblement, produisent à la fin les dérangemens les plus sérieux sur ces organes et leurs fonctions. D'après la sympathie connue entre le sensorium et les viscères, nous pouvons raisonnablement conclure que lorsque les opérations intellectuelles sont poussées avec un zèle immodéré, ou que l'âme est tenue dans un état de fatigue et d'anxiété, une portion de l'énergie vitale est, pour ainsi dire, retirée aux organes avec lesquels la cervelle sympathise, en conséquence de quoi leurs fonctions se dérangent, ou même se suspendent. On peut en trouver un exemple familier, dans tous ses degrés, parmi la classe des gens de lettres sédentaires, dont les organes biliaires et digestifs sont engourdis à proportion de la contention avec laquelle ils se livrent à l'étude. Nous pouvons même dire de l'ouvrier et de l'artisan, quoique leur exercice soit un peu plus corporel et moins mental que celui de la classe précitée, que leur action étant d'une nature bornée et partielle, tandis que les facultés de leur âme sont très-généralement en jeu relativement à leurs intérêts individuels et à leur perspective incertaine, ils sont, au total, plus sujets qu'on ne pourrait le croire aux mêmes maladies qui sont le partage des hommes plus instruits (*).

(*) Si c'est là le cas de ceux dont les facultés corporelles, et autres de résistance, sont arrivées à leur dernier période de force, à combien plus forte raison peut-on l'affirmer de ceux qui sont encore dans ce période progressif qui précède le développement complet du système ? De quelle importance n'est pas alors l'éducation physique, aussi bien que l'éducation morale des enfans ? Il nous suffit d'observer la manière dont agissent les sensations bien prononcées, pour juger de l'influence comparative des impressions moins fortes. Il se produit, proportionnellement au degré auquel les sensations exercent leur influence, une réaction que nous distinguons par le terme d'*émotion*. L'agitation produite par la première sensation est immédiatement communiquée à tout le système nerveux ; et l'économie animale éprouve une sympathie analogue à la nature de l'impression que l'âme a reçue. A des émotions réitérées ou continues, succèdent des affections, et (le terme peut ici s'appliquer à l'état de sensations désagréables, aussi bien qu'à celui de sensations agréables) certaines émotions agréables produisent, ces affections qui accroissent la force de l'énergie vitale, tandis que les émotions de nature différente, tendent à l'affaiblir. Convaincu, comme nous devons l'être, combien notre jouissance de la vie, dans tous ses périodes, dépend de l'état de l'âme, nous ne pouvons douter un seul instant de son influence, à cette époque qui se rapproche du berceau de la vie, où l'édifice du corps humain est si frêle. Avec quelle activité les propriétés vitales sympathisent sous l'empire de circonstances pénibles ! Avec quelle rapidité elles passent du plus haut, au plus bas degré d'énergie ! Tout le corps se trouve décomposé ; les fibres musculaires perdent leur élastitité, et l'estomac est attaqué : tel est le tribut que nous payons involontairement à l'influence nerveuse, qui est au système animal ce que le

Passons maintenant aux conséquences de ces obstacles et interruptions de la sécrétion biliaire. On conjecture, car on ne peut l'assurer positivement, que, dans l'état ordinaire de santé, il se fait une sécrétion d'environ six onces de bile dans les vingt-quatre heures. Il a aussi été démontré, par des expériences directes que cette sécrétion ne se fait point d'une manière directe ; au contraire, il est connu que pendant le temps que notre nourriture se digere dans l'estomac, le pylore se ferme, et la sécrétion biliaire diminue, tandis que lorsque la

---

soleil est à la fleur. Ce que l'on a appelé poétiquement, et à juste titre, *le soleil de l'âme*, a, dans toutes les parties de la vie, les mêmes heureux effets; mais sa présence est le plus indispensable a ce jeune âge, où l'on peut dire que le développement du système intellectuel et organique dépend sensiblement de son influence.

L'intérêt qui paraît s'attacher à ce sujet s'accroîtra en regardant autour de nous, en considérant les attaques sourdes que la difformité et les maladies ont livrées à la santé, ou à la beauté de la génération actuelle des personnes du beau sexe, et en observant que leur grande susceptibilité naturelle les rend particulièrement sujettes aux souffrances, et leur donne une conformation moins favorable à la tranquillité d'esprit. Ce cas est tellement celui de la société civilisée, qu'il arrive souvent que les causes purement physiques des maux, sont peu nombreuses en comparaison de cette source morale inépuisable, due à la disposition de se créer des maux imaginaires, de les perpétuer par la réflexion, et de les multiplier par la crainte et l'anticipation. Le contre-poids naturel qu'on peut y opposer, est cette organisation qui rend les mouvemens fugitifs, à proportion de leur violence. Mais par l'éducation, nous diminuons ce grand ressort naturel d'aise et de consolation, à proportion que nous augmentons la disposition à la réflexion, et que nous faisons replier l'âme sur elle-même. Cependant, tel est le premier but de l'éducation intellectuelle; et la nouvelle situation dans laquelle nous plaçons ainsi l'âme, doit nous faire comprendre avec quelle délicatesse et quelle tendresse cette tâche doit être remplie, de telle sorte qu'à mesure que nous rendons le système susceptible, nous puissions diminuer les sources d'irritation et de douleur.

Mais c'est un devoir en bien des cas, de s'attacher au moyen de diminuer plutôt que d'accroître l'action des fonctions intellectuelles. Lorsque nous observons une organisation physique faible, unie à cette délicatesse exquise de perception, à cette âme si bien dotée qui se fait appercevoir chez quelques jeunes personnes délicates du sexe, nous avons lieu de soupçonner que les principes vitaux sont loin d'être en bon état. Cette précocité d'intelligence, cet éclat et cette richesse d'imagination, que les pères et mères sont si jaloux de contempler dans leurs enfans, cachent trop souvent sous des dehors flatteurs un danger redoutable. Dans la stricte économie que comporte la nature, cet extra-développement de l'intelligence ne peut guères avoir lieu qu'aux dépens de quelque autre partie du système; et pour les jeunes sujets qui se font ainsi remarquer, surtout lorsqu'ils ont une complexion faible, il importe que nous cherchions à balancer les facultés générales, et à opposer à cette action régulière des fonctions intellectuelles des mouvemens musculaires proportionnés. Les Mémoires des navigateurs nous font connaître que diverses tribus de sauvages troquent, pour satisfaire leur goût du moment,

chymose commence à passer dans le duodénum, la sécrétion biliaire augmente rapidement. Ces faits prouvent suffisamment que le fluide en question est nécessaire pour la séparation du chyle de la chymose pendant ses progrès le long de l'espace des petits intestins. Les conséquences du défaut de bile dans le canal alimentaire sont réellement importantes.

En *premier* lieu, il doit y avoir *assimilation*, ou nutrition défectueuse, lorsque l'action péristaltique des intestins est surnaturellement engourdie, parce que la chymose ne se présente pas d'une manière convenable aux orifices des tubes chylifères. De cette source seule doit provenir une portion considérable de cette *faiblesse* et *maigreur* qui accompagnent si généralement les douleurs de cette nature.

---

les objets qui leur sont le plus essentiellement nécessaires. Dans l'état de civilisation, nous offrons le revers de ce tableau, et nous faisons le sacrifice, non de l'avenir au présent, mais du présent à l'avenir. Tel est l'état où nous nous trouvons, lorsque dans notre sollicitude pour donner à nos enfans des talens qui doivent jeter de l'éclat sur leurs années postérieures, nous négligeons les besoins importans de l'heure actuelle, quoiqu'ils soient essentiels à cette santé qui peut seule nous mettre en état d'attendre l'époque que ces ornemens sont destinés à embellir.

En visant donc à cette gloire intellectuelle, lorsque les facultés vitales sont faibles, nous courons grand risque de détruire la base même sur laquelle elle est fondée, et de raccourcir la durée du lustre à proportion de son éclat. Dans les deux sexes, le plus beau génie paraît souvent uni à une délicatesse particulière de complexion, et, dans de pareilles circonstances, il nous convient d'être vigilans, de peur que, trop jaloux de donner de l'expansion au premier, nous laissions souffrir l'autre d'une manière irréparable. Lorsqu'un ennemi se tient en embuscade dans notre corps, ses avances se font fréquemment sous le couvert des avantages personnels ou littéraires, qu'il est si naturel de se plaire à étaler. Mais il paraît admis que les études du sexe, vu leur frivolité et leur peu de profondeur, sont moins susceptibles de nuire à la santé que celle des hommes; cependant, c'est cette circonstance même qui y nuit; et voilà, entr'autres causes, pourquoi la santé des jeunes filles s'altère à l'école plus que celle des garçons. Plus l'objet de l'étude est léger et superficiel, moins il excite d'intérêt; et comme il exige moins d'activité et aiguillonne moins l'âme, il augmente considérablement l'ennui de la retraite. Par cette cause et beaucoup d'autres, entre lesquelles on peut généralement compter la disproportion de l'exercice musculaire, la complexion du sexe, particulièrement dans son bas âge, reçoit une organisation du caractère le plus irritable et le plus susceptible. De là, la consomption, les scrofules, et les douleurs de l'épine dorsale, qui règnent si généralement. C'est vraiment un objet de considération à la fois cruel et effrayant de voir le grand nombre de jeunes femmes d'aujourd'hui, d'une éducation distinguée, qu'elles ont eue soit dans les pensions, soit dans les écoles, qui sont victimes de l'une de ces infirmités: et en y réfléchissant, il est impossible de n'être pas frappé de la leçon humiliante que reçoit par là l'orgueil de l'homme. Toute cette supériorité intellectuelle si vantée d'aujourd'hui, s'acquiert-elle aux dépens de nos facultés physiques? L'auteur de notre être ne nous fait-il pas voir par là que nous ne pouvons cultiver d'une manière distinguée

En *second* lieu, il faut qu'il y ait des dégagemens répétés des principes nuisibles pendant le retardement du progrès des matières alimentaires à travers les intestins, tant par l'obstacle même, que par le défaut de bile. De cette source naissent ces *flatuosités*, ces *éructations*, ces *acidités*, etc. qui produisent des sensations si désagréables *dans toute l'enveloppe du canal alimentaire.*

En *troisième* lieu, le séjour extraordinaire des restes excrémentiels dans les premiers passages, ne peut qu'être préjudiciable à la santé, comme chacun doit l'avoir observé dans sa propre personne, même pendant l'emprisonnement passager des intestins. C'est de cette source que viennent les *hémorrhoïdes*, et *autres* infirmités de l'intestin inférieur, en partie à cause de l'obstruction mécanique des sédimens durcis, en partie à cause de l'engourdissement de la circulation dans le foie, ce qui empêche le libre retour du sang des vaisseaux hémorrhoïdaux. C'est là aussi, en partie du moins, qu'est le siége de ces *maux de tête* qui se montrent si fréquemment lors de la constipation des intestins, et qui semblent, en bien des cas, occasionnés par les masses de matières durcies dans les intestins qui exercent une pression sur l'aorte descendante, et font distribuer dans la tête une quantité extraordinaire de sang, *avec douleur, vertige, et autres sensations désagréables dans le sensorium, et vers le cœur.* Et ici nous pouvons sui-

---

une partie de notre nature, sans faire tort à l'autre ? La science est elle une faiblesse ? Le génie est-il une infirmité ? Une chose du moins est certaine, c'est que la force corporelle des femmes des classes supérieures et moyennes de la société a reçu un rude échec par le mode d'instruction qui a prévalu depuis bien des années. C'est pourquoi les parens de la génération qui s'élève, aussi bien que les professeurs, doivent tenir les yeux ouverts sur la fréquence de ces maladies; et le tableau de ces désolans résultats, leurs causes, et les moyens d'en empêcher le retour, devraient de temps en temps leur être mis sous les yeux. Ce n'est qu'en agissant ainsi que ceux-là, à qui, pour parler collectivement, *est confié le soin de la santé*, pourront prétendre remplir leur devoir envers le public, ou que l'on pourra raisonnablement espérer d'arrêter les affreux ravages de ces infirmités, particulièrement des dernières, en les portant à réfléchir sur ces faits et leurs conséquences. Je les adjurerais de considérer si la somme du bonheur humain, de la vertu, et de l'utilité publique, s'est ou ne s'est pas accrue par ce troc de la force physique et de la paix de l'âme, contre ces avantages qui, dans la lutte qu'on soutient pour les acquérir, rendent les possesseurs incapables de les conserver long-temps, ou d'en jouir complétement. Aller au-delà de ce point, en parlant sur un sujet sur lequel je n'ai pas médité sans éprouver bien des sentimens douloureux et sans rappeler bien des souvenirs pénibles, serait franchir les bornes qui me sont prescrites comme ministre de la *santé seule*; autrement je dirais, d'un ton encore plus sérieux: Ceux à qui est confié le soin des enfans, sont-ils bien surs qu'en les immolant ainsi sur l'autél du monde, ils ne courent pas le danger de les priver de toute *bonne espérance de celui qui est à venir ?*

vre *l'hydropisie*, à ce que je crois, jusqu'à sa *source.* Autant que l'expérience me l'a appris, elle est fort rarement idiopathique, mais presque constamment symptomatique de la maladie des viscères, soit organiques, soit fonctionnaires, et de tous les viscères dont les dérangemens ont le pouvoir d'exciter l'hydropisie : on peut dire que le foie tient le premier rang. C'est ce qui sera facilement admis, je pense, par tout praticien qui a eu l'occasion de rechercher le siége des maladies par la dissection.

En *quatrième* lieu, l'exiguité de la sécrétion de la bile, et l'état d'engourdissement des intestins, permettent ou donnent lieu à des accumulations de mucus dans toute l'étendue de l'enveloppe des premières voies, lesquelles nuisent considérablement aux digestions gastriques et intestinales, et aggravent tous les symptômes déjà énumérés. Ce mucus devient fréquemment visqueux au point d'obstruer, à un degré considérable, le passage de la chymose et des sédimens le long de l'enveloppe des intestins, ainsi que celui de la bile des vaisseaux du foie dans le duodénum, ce qui fait que le fluide lui-même s'épaissit et bouche les conduits du foie. D'autres fois ce mucus, en empêchant la bile de descendre du duodénum, la fait monter dans l'estomac, ce qui, ou occasionne de *rudes maux de tête*, ou des vomissemens bilieux, que le patient, et souvent les officiers de santé eux-mêmes prennent pour des preuves indubitables de surabondance dans la sécrétion de la bile, lorsque la véritable origine du mal était en realité l'absence de ce fluide, et un engourdissement de l'organe qui l'a dégagé.

En *cinquième* lieu, l'engourdissement du foie, en arrêtant la circulation du sang qu'il renferme, et en empêchant, par cette raison, cette même quantité de sang d'être transmise dans les artères de l'estomac et des intestins, dans un temps donné, comme lorsque les fonctions de la sécrétion se font brusquement, doit nécessairement produire *une inégale distribution de sang*, qui donne naissance à *divers symptômes irréguliers*, mais principalement à *des maux de tête, des étourdissemens, des obscurcissemens de la vue, des rougeurs, et des déterminations irréguiières à des organes particuliers*, selon l'idiocrase de l'individu, et ses habitudes particulières de la vie (*).

(*) Afin de jeter quelque lumière sur ce sujet, nous n'avons qu'à faire remarquer certains phénomènes qui se présentent constamment à nos sens. Prenons la *sensibilité*, par exemple, comme elle se montre sur la surface cutanée. Il est telle personne sur qui la piqûre d'une aiguille ou d'un autre instrument aigu ne produira qu'une douleur légère et momentanée ; sur une autre, un tourment bien aigu ; sur une troisième, l'évanouissement ; sur une quatrieme . . . .

En *sixième* lieu, quoique, en général, lorsque la sécrétion de la bile est lente, ce fluide soit insipide et inerte, cependant par diverses causes, et particulièrement par l'influence atmosphérique, l'organe biliaire sort quelquefois brusquement, pendant de courts intervalles de son état lethargique, et dans ces momens a lieu une sécrétion comparativement, irrégulière, mais d'une qualité très-vicieuse, comme cela est prouvé par la couleur foncée et bigarrée des selles, par leur puanteur par-

---

Néanmoins, dans tous ces individus, les effets externes seront précisément les mêmes, savoir, une legère aréole inflammatoire autour de la piqûre. D'où peuvent provenir ces divers effets, si ce n'est de la diversité de la disposition individuelle, en d'autres termes de *l'idiocrase ?*

Si, de la sensibilité cutanée nous passons aux dispositions à contracter des infirmités particulières, nous trouverons une diversité infinie dans les individus. Certaines personnes seront exposées à un foyer d'infection pendant des jours et des semaines, avec impunité, tandis que d'autres, de complexions en apparence semblables, en deviennent les victimes immédiates. Ce n'est point la vigueur de la constitution, ni l'égalité d'âme, qui font résister à la contagion, mais souvent tout le contraire. Et cela n'est pas seulement applicable à la petite vérole, au typhus, et à la peste. Les mêmes observations portent sur les maladies qui naissent et se propagent de diverses autres manières. Tous les jours, nous voyons des coups portés à la tête, des suppressions de transpiration par le froid, des excès dans le boire et le manger, supportés par certaines personnes avec peu ou point d'inconveniens, tandis que chez d'autres, la plus legère secousse, le moindre excès dans l'exercice, le boire ou le manger, sera suivi de violentes inflammations de tête, de poitrine, ou de l'appareil digestif. Qu'est-ce, si non l'idiocrase, qui peut expliquer ces différences de résultat? Considérons encore ces individus lorsqu'ils sont infectés de maladies Quelques-uns guérissent dans peu de jours, d'autres languissent long-temps dans la même affection, et une troisième classe est bientôt à l'agonie, et périt; et cependant la maladie se montre chez tous de la même nature. Et ce n'est pas l'intensité de la maladie, ou l'étendue de l'inflammation, qui peut expliquer ces différences. Si nous prenons l'inflammation de la poitrine, par exemple, chez quelques personnes qui meurent, on ne trouvera qu'une petite partie d'un seul lobe dans les poumons d'enflammée; chez d'autres, presque la totalité des deux lobes sera ainsi affectée, et elles n'en guériront pas moins promptement. Dans ces dernières, la résistance vitale est supérieure à la maladie; dans la première classe, elle est inférieure. Or, comme il est de toute impossibilité de dire au commencement d'une maladie, si le degré de la puissance vitale est ou n'est pas capable de surmonter la maladie, puisqu'il n'y a pas d'indices de forme extérieure ou de fonction intérieure auxquels on puisse le reconnaître, la science du pronostic (ou l'art de *prédire* les évenemens des maladies) est proverbialement sujette à faillir, et il est à craindre qu'elle ne le soit à toujours. L'histoire des habitudes de l'individu, de ses premières souffrances, et des particularités de sa complexion, est la seule instruction d'une valeur réelle pour l'officier de santé, puisqu'il est peu de personnes qui n'aient quelque partie du corps plus faible que le reste. Chez nombre de familles, la faiblesse de diverses parties, et par conséquent leur propension aux infirmités, sont même héréditaires.

ticulière, et par les diverses sensations désagréables, produites dans l'enveloppe du canal alimentaire.

En *septième* lieu, pendant l'état d'engourdissement de la sécrétion biliaire, il se fait fréquemment absorption de ce fluide dans la circulation générale, probablement dans son séjour dans les pores biliaires eux-mêmes, ce qui donne une teinte prononcée à l'œil, ou même à la peau, ou bien cette pâleur particulière, si convenablement appelée *bilieuse*. L'absorption de la saine et véritable bile, comme dans la simple obstruction des conduits qui cause la jaunisse, est accompagnée, comme on ne l'ignore pas, d'une lassitude particulière de corps, et d'un accablement d'esprit, ce qui peut nous faire juger des effets produits par cet état habituel d'absorption, lorsqu'un *fluide corrompu* se porte constamment dans la circulation, et répand son influence délétère sur chaque fonction du corps et de l'âme. Les effets résultans de cette cause sont, avec toute probabilité, fortement aggravés par la *non-sécrétion*, ou le séjour de ces principes dans le sang qui, dans l'état de santé, aurait été converti en bile. On peut faire remonter à cette source, en partie du moins, l'origine de ces symptômes appelés jusqu'ici, et peut-être pas sans raison, *nerveux*, qui sont aussi pénibles pour le patient que vexatoires pour le praticien. Ce dernier, au reste, les traite fréquemment d'imaginaires; mais, d'après cette considération et une autre qui va suivre, on peut probablement les classer parmi les affections réelles et douloureuses du système nerveux (*).

C'est pour cela que la même maladie donne souvent naissance à divers symptômes chez des individus différens, et affecte chez un patient la tête, chez un autre, la poitrine, chez un troisième, l'abdomen, etc. jusqu'à faire douter au premier coup-d'œil de la véritable nature de la maladie. Ces remarques pourraient embrasser un plus grand cadre dans leur application aux particularités de tempérament, relativement à certains articles de nourriture et de remède, mais cela est familier à tout le monde. Qui est-ce qui, par exemple, ne sait pas que le plus petit morceau de fromage est presque un poison pour quelques personnes; qu'une seule groseille ou fraise produira chez d'autres les spasmes et les convulsions les plus cruelles; et qu'un seul grain de mercure occasionnera de temps à autre la plus déplorable salivation? Qui pourrait, après cela, s'étonner d'apprendre que j'ai été témoin de cette singulière particularité, que dix graines de moutarde, prises une fois par jour seulement, suffisaient (je parle le langage de celui qui en est l'objet) pour remplir toutes les vues désirables?

(*) Qui ne connaît pas l'influence puissante du foie sur le système nerveux? ou qui ignore les situations éminemment douloureuses de l'âme, qui naissent fréquemment de la maladie du foie, en conséquence de cette influence? De tous les effets sympathiques qui ont leur source dans le dérangement des organes biliaires, je n'en connais pas de

L'absorption et la non sécrétion de la bile, qui sont la cause de la teinte particulière de l'œil et de la peau, expliquent une autre circonstance qui passe souvent inaperçue, savoir : la *douleur et l'excessive chaleur* et *quelquefois la difficulté* que l'on éprouve si fréquemment *à lâcher de l'eau*, toutes les fois que le système biliaire est dérangé. Ce symptôme est presque constant, m'a-t-on dit, dans toutes les grandes affections du foie, dans les climats sous les tropiques; et quoique dans un peu moindre degré, dans ce pays (où c'est principalement la *fonction* du foie qui est dérangée) pour la plupart des cas, on peut le découvrir, et il servira à distinguer la maladie. La crasse même de la langue, et le mauvais goût de la bouche, quoique provenant généralement d'un dérangement de l'estomac, peuvent fréquemment s'attribuer à cette absorption et non-sécrétion de bile.

En *huitième* lieu, l'engourdissement d'un organe, surtout *d'un organe d'une aussi grande importance que le foie*, doit, par ses sympathies ou associations, occasionner un dérangement considérable dans la balance de l'action pour toute l'économie animale. En d'autres termes, lorsque l'engourdissement se répand du foie au canal alimentaire, en partie par sympathie, et en partie par défaut de bile, un excès morbide d'irritabilité s'accumule dans le système nerveux, et ce défaut d'équilibre d'action explique, en grande mesure, *ces symptômes moraux* qui accompagnent un état de désordre des organes biliaires et digestifs.

Il faut se rappeler ici, *et la chose mérite bien qu'on y songe*, que tous ces effets *sur d'autres organes et parties du système* résultant de l'association avec le foie, deviennent à leur tour des causes ou réagens qui refoulent à leur source une aggravation de ces maux, lesquels en étaient partis origi-

---

plus affligeant; et il n'est pas de patiens plus dignes de pitié que ceux que l'on appèle nerveux et hypocondres. Leur peine intérieure est extrême, et cependant ils excitent rarement la sympathie de ceux qui les entourent. Combien de patiens n'ai-je pas vus, dont la vie était devenue misérable par ces infirmités, qui l'auraient échangée avec le plus grand empressement, si les ressources de la religion n'avaient été présentes à leur esprit, pour les soulager et les consoler ! C'est, en effet, un spectacle douloureux de remarquer la tristesse, l'irritabilité, le découragement, la langueur, enfin la presque absolue impossibilité de traîner l'existence, que l'on observe chez de pareils patiens, quoiqu'au spectateur ils ne paraissent presque pas manquer de santé, ni être privés des sources ordinaires de la jouissance. Ce tableau n'est point chargé. Le chagrin est même souvent si grand, qu'il n'est pas rare que celui qui en est accablé, commette ce crime, qui, plus que tous les autres, fait naître les idées les plus pénibles de la faiblesse de la nature humaine, ou fait croire à cet état d'imbécilité, et de dégoût de ce monde, qui le rend un fardeau à lui-même et à ses amis.

nairement. La preuve en est si frappante dans l'action et la réaction entre les systèmes biliaires et nerveux que, en bien des occasions, il est difficile de dire dans quel système la maladie a commencé. En effet, toutes les fois que le chagrin, l'anxiété, ou d'autres passions accablantes de l'âme, seront portés à un haut degré, il sera aussi immanquable que les fonctions du foie et des organes digestifs en seront dérangées, que les dérangemens de ces organes produiront *le découragement, l'irritabilité, la versatilité, et les autres désordres du système nerveux.*

Ce principe, ou *inéquilibre*, dans la balance de l'action dans le système, provenant de l'engourdissement d'un organe ou d'une série d'organes, est applicable à l'explication de diverses maladies sous la dénomination de *maladies nerveuses*, qui ont jusqu'ici échappé à toute la science médicale. Dans LA DANSE DE SAINT-VIT, par exemple, il y a aussi invariablement engourdissement du système utérin, ou des organes biliaires et digestifs, qu'il y a irrégularité d'action dans une classe particulière de muscles et de nerfs, où la nature paraît épuiser ou absorber l'accumulation morbide par ce qu'on serait tenté d'appeler mouvemens ridicules ou extravagans. Voilà ce qui paraît être la guérison naturelle de la maladie, et qui par conséquent exige du temps pour l'opérer; mais les cures artificielles les plus efficaces reposent absolument sur le principe en question, savoir, par une suite de remèdes les plus propres *à rétablir la balance de la circulation et de l'action*, et à rappeler l'énergie et l'exercice des organes utérins, biliaires et digestifs. C'est aussi d'après ce principe qu'on peut expliquer beaucoup de cas *d'épilepsie*, *d'hystéralgie*, etc. etc. où la balance de l'action est quelquefois, ou *périodiquement* dérangée, et son excès morbide refoulé sur la cervelle et le système nerveux. Lorsque c'est là le cas, il est très-important de tâcher d'interrompre la régularité de pareilles attaques, car elles sont quelquefois continuées par le pouvoir seul de l'habitude. Comme les traces d'idées qui ne se renouvellent pas de temps en temps, s'effacent entièrement peu-à-peu, de même peut se détruire la propension épileptique et hystérique (*).

(*) On m'a fourni un exemple de ce fait, depuis la publication de la première édition de ces Observations, et il est propre à rendre un hommage précieux au remède dont j'embrasse ici la défense. Un jeune homme de douze ans, qui avait été depuis long-temps sujet à une attaque régulière d'épilepsie, une fois par semaine, et qui avait eu l'avantage de profiter des lumières des médecins de Londres, pendant environ deux ans, sans succes, prit de la graine de moutarde, qui fut si bienfaisante, qu'elle fit cesser les accès pendant six semaines. Ils sont

On est très-fondé à croire que l'hydrocéphale, *dans la pluralité des cas*, dépend de l'état d'engourdissement antérieur du foie et des intestins, qui occasionne une irritabilité morbide dans les vaisseaux et les enveloppes de la cervelle. Indépendamment de la sympathie connue entre la cervelle et le foie, toute obstruction à la libre circulation du sang à travers le dernier organe, causera la pléthore et la congestion dans le premier, et conduira ainsi à l'effusion dans un organe aussi tendre et aussi délicat que la tête d'un enfant. Le meilleur mode de cure dans l'hydrocéphale explique ce raisonnement : si les symptômes précurseurs de l'hydrocéphale sont remarqués, et que les viscères abdominaux engourdis soient mis en action par des moyens convenables, on préviendra généralement l'inflammation et l'effusion dans la tête. Et qui peut douter, pour *peu* qu'il connaisse la doctrine de la sympathie, ou des conséquences des distributions irrégulières, de l'énergie nerveuse et vasculaire, que beaucoup de cas *d'apoplexie* ou *d'hémiplégie*, et que beaucoup *d'affections de la poitrine* viennent de la même source? Je pourrais citer particulièrement *l'asthme* et *l'hydropisie de poitrine*, et cet état particulier des poumons que l'on nomme, à si juste titre, *faiblesse de poitrine*.

Je me flatte que l'on a trouvé, sous ces douze chefs, une explication satisfaisante de ces symptômes dependans du, ou liés avec le *dérangement de fonctions* dans les organes biliaires ou digestifs, sans aucune considération hypothétique ; et si l'on m'accorde cela, j'ai probablement parcouru une assez grande carrière dans l'éclaircissement de cette immense classe de douleurs, que l'on distingue non seulement en *bilieuses*, mais en *nerveuses*, *hypocondriaques* et *hystériques*. Quoi qu'il en soit, soit que nous considérions ces dernières comme des causes ou des conséquences des dérangemens en question, nous trouverons que nos meilleures mesures thérapeutiques s'appuient sur ce point de vue du sujet, et que, en considérant la nature de ces maladies jusqu'ici intraitables, le succès qui accompagnera un plan de traitement fondé là-dessus, sera aussi supérieur à tout autre pratique, que l'explication que l'on cherche à donner ici est plus simple que les idées incoherentes qui prévalent depuis si long-temps au sujet de cette classe d'infirmités humaines.

Avant d'aborder les causes et le traitement des dérange-

---

revenus; mais je suis convaincu que la persévérance dans l'usage d'un remède qui les a écartés si long-temps, produira une cure complète, et d'après le principe précité. Les dispositions d'une maladie, comme les dispositions de *l'homme*, une fois matériellement rompues, ne se rétablissent pas aisément.

mens biliaires, je dirai encore quelques mots sur un sujet auquel on n'a pas fait assez d'attention. On ne doit pas seulement attribuer les *agrandissemens glandulaires* et *un grand nombre de maux extérieurs* (*), mais encore dans une grande proportion *les éruptions cutanées* et *les pustules*, à l'état de désordre des viscères chylifiques. Les remèdes les plus efficaces que nous puissions alors employer pour la guérison de ces maladies, sont ceux qui tendent avec la plus grande certitude à augmenter et améliorer les sécrétions biliaires et autres.

Causes des dérangemens biliaires. Si la haute région de la température, éprouvant quelquefois des changemens dans les climats sous les tropiques, peut produire une pareille lésion de la structure dans le système hépathique, de même, dans notre climat, les *transitions rapides*, *l'humudité* et la *froideur de l'atmosphère*, agissent très-puissamment, quoique souvent sans qu'on s'en doute, sur les fonctions du foie, aussi bien que sur celles des autres organes digestifs. L'application isolée du froid ou de l'humidité au corps, particulièrement aux extrémités inférieures, continuée pendant un temps quelconque, a une influence considérable sur la sécrétion biliaire, diminuant et corrompant cet important fluide, et dérangeant les fonctions du canal alimentaire.

C'est là la principale cause des maladies bilieuses et gastriques parmi les basses classes de la société, que la mauvaise couche et la nudité exposent à l'influence du froid et de l'humidité. Il a été supposé, même par ceux qui de-

---

(*) Ces affections ont été généralement considérées comme l'effet de l'état impur du sang; et quand nous voyons des personnes, particulièrement des jeunes, chez lesquelles toute égratignure se convertit en mal, comme dans la scrofule ou le scorbut, et pour qui tout accident est l'occasion d'une *souffrance ultérieure*, comme cela est prouvé par l'histoire générale de presque chaque tumeur, aussi bien que de chaque maladie de l'épine dorsale, de la hanche et du genou; lorsque nous observons que l'atmosphère seule change la disposition de toute action; que des poisons introduits, et agissant sur la circulation, produiront les effets les plus puissans sur tout le système, il est impossible de n'être pas humoristes à un degré considérable. Nous ne pouvons exclure l'influence d'un état de dépravation du sang; mais comme il est invariablement lié avec, s'il n'est produit par le désordre des organes digestifs, les effets qui résultent en partie des deux causes à la fois, sont souvent attribués exclusivement à une seule. Il n'y a réellement aucun cas de maladie, lorsque l'estomac et les autres parties du système digestif ne sont pas affectées, et la profession et le monde ont les plus grandes obligations à M. Abernethy et autres, pour leur avoir dévoilé, de la manière la plus convaincante et la plus propre à faire impression, la vérité qui était restée si long-temps inaperçue, savoir, que la santé et la force naissent de l'action régulière des fonctions chylifiques, et la faiblesse et la maladie de leur dérangement.

vraient mieux raisonner, qu'à peine peut-on dormir quand on est trop légèrement couvert la nuit. Mais n'y a-t-il pas plus de danger par l'effet du froid, lorsque le corps n'est qu'à demi couvert, que lorsqu'il a surabondance de vêtemens? Dans le premier cas, le sommeil est fréquemment interrompu par les sensations désagréables de froid, et le rafraîchissement, en se lèvant le matin, est très-incomplet ; dans le second cas, dût-il y avoir un accroissement considérable de transpiration, le sommeil est suivi de vigueur et de rafraîchissement.

Les Russes, qui sont toutes les nuits baignés de sueur, parce qu'ils couchent au-dessus de leurs fours, résistent à la rigueur de leur climat, et sont plus exempts de maux pulmonaires que presque toute autre nation. Une classe nombreuse d'artisans et de mécaniciens, dans ce pays, souffrent de dérangemens biliaires et dyspeptiques, par l'application du froid et de l'humidité aux pieds, tandis qu'ils sont employés dans des états sédentaires, et par conséquent lorsque la circulation est languissante sur la surface des extrémités.

La première cause sous le rapport de son importance, c'est *l'intempérance*, tant dans la nourriture que dans la boisson. Si, parmi les classes laborieuses de la société, dans ce pays, nous en voyons beaucoup consommer une grande quantité de liqueurs fermentées, sans aucune apparence de mauvais effet, nous ne devons pas en inférer que l'artisan et le mécanicien, et encore moins les classes sédentaires, inactives et dissolues, puissent se livrer au même usage avec une égale impunité. Les effets marqués et décisifs des liqueurs enivrantes sur le foie, et ses sécrétions, se sont fait remarquer à tous les âges, et sont même familiers à l'observation vulgaire.

Le docteur Baillie observe, dans son ouvrage sur l'anatomie morbide, que l'état tuberculé du foie se trouve plus particulièrement chez les gens adonnés aux boissons fortes. Or, si l'excès de la boisson est capable d'exciter cette terrible et incurable maladie, le dérangement de structure dans le foie, il ne faut pas un grand effort de crédulité pour croire qu'*un usage moins excessif d'esprits, de vin et de bière*, tel qu'on le pratique journellement, peut être très-propre (particulièrement quand il se joint à d'autres causes) à déranger les *fonctions* de l'organe en question, et cette vérité reçoit à chaque heure la sanction de tout officier de santé qui a quelque prétention au discernement (*).

(*) La dernière et la plus difficile partie du savoir qu'ait atteinte le médecin, c'est la faculté de discernement, et cette sagacité *presque instinctive* qui pénètre d'un coup-d'œil l'idiocrase du patient qui est devant lui, et découvre tout-à-coup le plan de traitement qui est le plus con-

Il n'est cependant pas aussi aisé d'expliquer la *manière* dont les liqueurs *fermentées* agissent sur le système hépathique. Il ne nous serait d'aucune utilité de les considérer simplement comme *stimulans ;* car nous voyons les plus fortes épices de l'Orient et de l'Occident dévorées en grande quantité, sans qu'il en résulte de pareils effets. Comme le défaut et l'irrégularité de la sécrétion biliaire caractérisent presque invariablement l'usage et l'abus long-temps continué des esprits, il n'est pas déraisonnable de conclure qu'ils agissent d'abord comme des stimulans *spécifiques* sur le foie et ses conduits, aussi bien que sur tout l'appareil chylifère, perdant peu-à-peu leur EXCITABILITÉ, et conduisant à exiguité de sécrétion biliaire, et à l'absence d'action dans les vaisseaux chylifères.

Quant à la nourriture, c'est un fait curieux que dans la plupart des maladies du foie, soit de fonction, soit de structure, l'appétit, quoique souvent irrégulier et capricieux, manque rarement, circonstance qui n'est nullement heureuse pour le patient, parce que la digestion n'est jamais bonne. La conséquence est que, quoique l'intempérance dans la nourriture puisse n'avoir pas donné lieu à la maladie, elle contribue maintenant à l'aggraver. Que l'habitude cependant de se livrer au plaisir de la table soit une des *causes* qui concourent au dérangement biliaire, c'est ce que l'on ne peut révoquer en doute, puisque non-seulement les gloutons de l'espèce humaine, mais d'autres animaux quand ils ont reçu une nourriture surabondante, sont très-sujets à un agrandissement du foie ; et comme il n'est personne qui fasse une chère plus somptueuse que les Anglais, bonne chère qui se compose en même temps de mets très-substanciels, nous sommes amplement autorisés à établir *l'intempérance dans la nourriture*, comme une des causes des dérangemens du foie (*).

---

venable à son cas. *Le tact*, comme on l'a très-bien nommé, de discerner les maladies dans le corps vivant, ne peut être le partage que de ceux qui ont acquis une connaissance approfondie de la structure naturelle du corps humain, et qui ont eu pendant long-temps de continuelles occasions de visiter le malade. La possession ou l'absence de cette faculté constitue en effet la principale différence qui existe entre un officier de santé et un autre. Ce que lord Bacon dit de l'amour, semble applicable à la maladie : « L'amour, dit-il, ne se manifeste point par le regard fixe, mais se communique par des coups-d'œil dérobés, et par des regards soudains qui se montrent avec la rapidité d'une étincelle. » Il faut aussi avoir l'habitude d'une observation attentive pour être en état de connaître, avec quelque certitude, soit les effets, soit les vertus des remède.

(*) Il n'y a peut-être qu'un seul moyen de corriger cette faiblesse

Il est aussi des espèces particulières de nourriture plus propres à déranger les fonctions du foie par l'intermédiaire de l'estomac, que d'autres, telles que les substances grasses, rances et huileuses, avec la longue liste des mets de pâtisserie, de confitures, et composés de différens ingrédiens.

C'est cependant principalement par la quantité de notre nourriture que nous nuisons à l'économie des organes digestifs. Ces parties de notre nourriture sur lesquelles l'estomac et le duodénum ne peuvent exercer la puissance complète de la digestion, passent lentement ou rapidement le long du canal intestinal, comme *une matière étrangère et irritante*, en y maintenant une irritation constante, et produisant une foule d'associations morbides dans diverses autres parties du système (*).

de caractère qui porte un homme à manger et à boire ce *qu'il sait* devoir lui faire du mal. La plus grande partie du genre humain semble non-seulement ne pas savoir mettre à profit l'expérience des autres, mais encore la sienne propre. Ils laissent miner sourdement leur santé, et compromettent continuellement leur tranquillité, faute de fixer fermement leur attention sur leurs sensations, et de se faire un tableau fidèle des circonstances dont elles dépendent. Les idées gravées dans la mémoire d'une manière bien distincte, ont le pouvoir incontestable de décider la volonté, et elles deviennent très-fréquemment capables de résister à la tendance séduisante d'impressions faites par des objets présens. Faire fréquemment la revue du menu de notre table, comme les vers d'or attribués à Pythagore le recommandent à l'égard de toute notre conduite; en peser mûrement les conséquences, particulièrement celles qui sont désagréables; rappeler à l'imagination sous les plus vives couleurs, ce brillant état d'aise de toutes les facultés qu'accompagne une digestion facile; comparer ce qui est perdu et gagné en jetant dans l'estomac des alimens qui tendent à le déranger et à le fatiguer, c'est notre meilleur préservatif contre le danger de devenir dyspeptique et hypocondre, et sans cela nos facultés physiques ne sauraient se bien trouver. Opposer la réflexion à la sensation, est sans doute la seule ressource dans ce cas de tentation et dans beaucoup d'autres, à moins qu'une influence supérieure ne daigne nous favoriser en rappelant à notre souvenir que, tandis qu'il est écrit : « Toute créature de Dieu est bonne, et rien ne doit être refusé s'il est reçu avec reconnaissance »; il est aussi écrit : « Quoi que vous mangiez ou que vous buviez, ou quoi que vous fassiez, faites le *tout* pour la gloire de Dieu »: et que celui-là ne saurait prétendre obéir à ce divin commandement qui, même par un excès *relatif*, se rend moins propre à remplir ses devoirs envers Dieu et son prochain.

(*) La diète, judicieusement observée, favorise également la santé corporelle et morale, car une bonne digestion produit un sommeil rafraîchissant, et fait naître la sérénité corporelle si indispensable aux jouissances morales, tandis qu'au contraire, l'état de désordre de l'estomac et de ses dépendances crée des songes pénibles et des irritations de caractère. Je dirai même que je suis disposé à croire que certains genres de manie peuvent être attribués à des dérangemens *continuels* de l'estomac et des intestins, (soit par une mauvaise nourriture ou de

Agitation mentale. J'ai déjà dit que les individus de ce pays ont un plus haut degré d'énergie mentale, et éprouvent, par leurs habitudes politiques, commerciales et manufacturières, beaucoup plus d'agitation mentale que les habitans de la plupart des autres pays. Plus nous étudions attentivement le jeu des passions, ou, en d'autres termes, les effets de l'âme et les sensations sur l'édifice matériel, plus nous serons convaincus de leur influence puissante sur les fonctions du foie et les organes digestifs en particulier. La réception d'une seule lettre, ou d'un message, annonçant un événement fâcheux, dans lequel nos intérêts se trouvent compromis, changera si complètement la nature et l'apparence du fluide biliaire, ainsi que les sécrétions gastriques et intestinales, qu'à peine pourra-t-on les reconnaître comme tels. Toute chose, enfin, qui trouble la tranquillité d'âme, interrompt la régularité des fonctions du foie et des organes digestifs qui, à leur tour réagissent sur, et aggravent les causes originaires. Ces causes seules, n'y en eût-il pas d'autres, suffiraient pour expliquer la vaste expansion du dérangement des fonctions de l'organe biliaire dans ce pays.

Colonies sous les Tropiques. Les grandes et indispensables relations que les Anglais ont avec leurs colonies sous les tropiques, occasionnent une prodigieuse importation de maladies du foie et des autres organes digestifs. Ces maladies, originairement importées, doivent être un avertissement sérieux dans la classe que nous considérons. Quand on considère aussi que les enfans d'individus affectés de douleurs biliaires et gastriques, heritent généralement d'une forte prédisposition,

---

mauvais remèdes), qui avec le temps privent le patient de la faculté de distinguer entre ses rêves du sommeil et ceux de son réveil, et tout le monde y ajoutera foi comme moi, en réfléchissant un instant à l'étendue de la surface intérieure; en quoi cette surface consiste, et avec quelle promptitude chaque sensation douloureuse est transmise à la cervelle des extrémités irritées de ses nerfs innombrables. L'observation de la tempérance et d'une diète qui facilite la digestion, est bien plus particulièrement nécessaire aux personnes livrées à des études sérieuses, et à celles qu'accablent l'anxiété ou le chagrin. On peut aussi regarder comme un fait général, que les influences nuisibles du travail mental, ou des souffrances morales, sont plus malfaisantes pour la santé corporelle à mesure que la vie s'avance, et que de pareilles causes produisent communément leurs premiers effets pernicieux sur l'estomac et les intestins. Faut-il un argument plus frappant pour convaincre de la convenance qu'il y a d'être instruit avant tout dans la physiologie? Qu'a pour but le raisonnement, sinon de tracer l'ordre et la connexité des événemens? Et comment est-il possible d'être conséquent avec soi-même, si l'on ne se rend pas compte du résultat précis d'une ligne de conduite donnée? Sans cela, comment éviter le danger de se jeter dans des situations aussi déplorables que celles où l'on remarque les autres plus avancés dans l'échelle de telles affections?

au moins, aux mêmes maladies, nous pouvons évaluer en quelque sorte les rapides progrès que ces maladies font maintenant dans tous les rangs de la société. Ainsi nous voyons une variété de causes commencer par engendrer des dérangemens dans les organes digestifs, et produire ensuite une organisation qui se transmet de père en fils, et qui est singulièrement susceptible de ces dérangemens, même par les causes les plus légères.

Le soin que j'ai pris d'exposer la nature, les causes et les effets de ces dérangemens, abrégera beaucoup les observations qu'il est nécessaire de faire sur leur traitement ; et ce dernier est rendu clair, et en général efficace, lorsqu'on a une connaissance complète de ces dérangemens, tandis que l'homme qui prescrit d'après le nom, sans prendre la peine de découvrir la nature d'une maladie, fait continuellement des gaucheries, et, par la fausse application des remèdes, se trouve fréquemment embarrassé et trompé dans son attente. En étudiant les *causes* d'une *maladie*, nous nous armons d'autant de *remèdes*, non-seulement pour la *prévenir*, mais pour *l'extirper*, et en connaissant les détails de ses symptômes, nos ressources se multiplient lorsque nous en entreprenons le traitement.

Il n'est pas toujours vrai qu'une maladie doive être attaquée dans son siége, et qu'en en combattant les symptômes on ne la fasse pas avancer vers sa guérison. Nous trouverons dans beaucoup d'exemples que tout symptôme que nous diminuons a une influence plus ou moins marquée sur son origine. Nous pouvons citer la chaleur de la peau dans la fièvre. Tout le monde conviendra que ce n'est-là qu'un pur symptôme ou effet de la fièvre, et non son essence ou son siege. Cependant quel soulagement le patient n'éprouve-t-il pas, et quel adoucissement de la maladie ne résulte-t-il pas lorsque nous avons vaincu ce symptôme? Ainsi, dans la maladie dont nous nous occupons maintenant, la constipation des intestins est un symptôme ou effet très-général ; et cependant quel soulagement essentiel n'éprouve-t-on pas à extirper simplement ce symptôme ! En général, toutefois, nous pouvons diviser le traitement en deux chefs : la suppression des causes, et le remède à leurs effets.

Suppression des causes. Nombre de causes qui produisent le dérangement des fonctions et de la structure de l'organe biliaire ne peuvent être évitées, en sorte que nous ne pouvons entreprendre que d'en entraver les effets. Les changemens naturels atmosphériques de ce climat sont hors de notre action, mais nous en éviterons en général les pernicieux effets, par le choix de nos vêtemens, et en les quittant lorsqu'ils sont mouillés, aussitôt que nous avons fini l'exercice.

L'étroite sympathie qui existe entre les pieds et l'estomac, et entre l'estomac et le foie, fera sentir la nécessité de se tenir soigneusement les pieds chauds et secs, circonstance plus importante, comme mesure curative dans ces maladies, qu'on ne se l'imagine généralement.

Ayant fait voir que les subites suppressions de transpiration, ainsi qu'un froid long-temps continué, sont des sources fécondes de douleurs du foie, il est clair que la flanelle appliquée à la peau, et une quantité suffisante de vêtemens de lit, sont des mesures préventives d'une haute importance. Comme une transpiration surabondante rend les vaisseaux extrêmes plus sujets à un affaissement subit par l'atteinte du froid, il est évident que nous devons éviter cette espèce d'exercice dans la chaleur du jour, et particulièrement au soleil, qui accroît d'une manière si extraordinaire les émanations cutanées. Lorsque de pareilles causes sont inévitables, notre première précaution contre les conséquences pernicieuses est, non de s'abstenir tout-à-coup de l'exercice, mais par-dessus toutes choses d'éviter un courant d'air, de toucher à quelque chose de mouillé, et de boire des liquides froids.

L'abstinence de liqueurs spiritueuses ou fermentées est presque une condition *sine quâ non* dans cette partie du traitement des douleurs du foie, et il faut une extrême attention à la quantité et à la qualité de la nourriture. Pour ce qui est de la qualité, on ne peut tracer de règle générale, vu que les constitutions sont si différentes. Les substances animales huileuses et rances, ainsi que les végétaux venteux, sont la plupart préjudiciables; et quant à la quantité, on doit toujours se faire une loi de ne pas manger plus que nous ne pouvons commodément digérer. Cette règle sera aisément comprise par toute personne affligée de dérangemens biliaires.

Anxiété mentale. Ces causes mentales qui produisent ou aggravent les maladies corporelles, quoiqu'en apparence le plus en notre pouvoir, le sont moins, soit pour les prévenir, soit pour les éloigner. Le philosophe a beau déclamer, et le théologien a beau prêcher contre la folie et le danger de céder au découragement et à la terreur, c'est en vain! Partout où il y aura dérangement dans les fonctions du foie, il y aura, en général, affaissement des esprits, timidité, versatilité, irritabilité du caractère, et hypocondrie, quelques efforts que nous fassions pour l'empêcher par le raisonnement. La religion est plus puissante, mais l'infirmité corporelle obscurcira souvent les fonctions spirituelles jusqu'à convertir les brillantes espérances et consolations de la révélation en ténèbres de superstition et de desespoir.

Ces causes de dérangemens du foie provenant de certains métiers et occupations, peuvent quelquefois être supprimées, surtout parmi les classes plus aisées. Comme tous les emplois sédentaires, et ceux qui mettent l'esprit à la torture, sont pernicieux dans la classe de maladies en question, on doit les changer, si les circonstances le permettent, et si cela ne peut se faire, on doit en conjurer les pernicieux effets autant que l'on peut, en se donnant des instans de répit, et par tels autres moyens qu'un praticien judicieux peut fréquemment suggérer.

Traitement médical. La variété des causes qui ont été exposées dans la création des dérangemens du foie, tant dans ses fonctions que dans sa structure, semblerait indiquer une variété correspondante dans le traitement, mais cette variété concerne principalement le moyen d'écarter ces causes mêmes ou de les faire disparaître; car, une fois que leurs effets sont produits, il s'établit une grande parité dans les moyens de réparer le mal. Par exemple, dans l'inflammation aiguë du foie, soit qu'elle soit produite par un exercice extraordinaire à la chaleur du soleil, soit par l'enivrement, ou par le contact du froid ou du mouillé lorsque le corps est échauffé, le plan de traitement à adopter sera presque le même. Ainsi, dans le choléra-morbus, que l'on peut considérer comme un dérangement des fonctions de l'organe biliaire, le même traitement sera en général nécessaire, que la cause soit due à la chaleur, au froid, aux vicissitudes de l'atmosphère, ou à des alimens avalés qui occasionnent un violent orgasme dans les organes digestifs.

Toutefois, dans ce qu'on peut appeler les moyens auxiliaires de soulagement, on peut mettre avantageusement une grande variété dans le traitement; puisque l'on a fait voir que tous les symptômes que nous adoucissons ou éloignons, non-seulement procurent un soulagement partiel aux souffrances du patient, mais ont un effet plus ou moins bienfaisant sur l'origine de la maladie elle-même. Ceci est d'une conséquence immense dans la classe d'infirmités dont nous nous occupons, puisqu'il faut souvent la plus grande adresse de la part du praticien pour engager le patient à persévérer assez long-temps dans tel ou tel plan de traitement, pour qu'il soit efficace. En sorte que nous sommes fréquemment forcés d'émonder l'arbre, branche par branche, plutôt que de le couper par la racine, uniquement parce que le patient se fatigue bientôt, si l'on n'obtient des avantages journaliers. Il ne faut pas cependant que nous craignions d'attaquer l'ennemi dans ses fortes positions, en fuyant de point en point, et en n'adoucissant les symptômes pendant que le principal siége du mal n'est pas détruit, et que l'on ne s'en doutait même pas

Je commencerai donc par l'essentiel, et descendrai par

degré aux divers moyens auxiliaires de soulagement auxquels l'expérience et l'observation ont mis le cachet de l'utilité, dans cette intéressante classe des affections humaines. (*)

Il a déjà été démontré que dans quatre-vingt-dix-neuf cas sur cent, il y a défaut ou irrégularité, ainsi que viciation de la sécrétion biliaire. Quant à une pure surabondance de sécrétion de bile, la chose elle-même est une bagatelle, et le traitement simple et aisé. C'est l'engourdissement du foie qui à chaque instant arrête notre attention, et exige nos efforts pour obvier à la longue liste de ses effets.

Les trois premières indications à suivre sont celles-ci :

1° D'augmenter et améliorer le fluide biliaire ;

2° D'opérer l'extirpation journalière des sécrétions viciées du foie et des autres organes digestifs ;

3° D'accroître l'élasticité et la faculté digestive du canal alimentaire.

Il est des causes qui augmentent la sécrétion de la bile, mais qui en détériorent la qualité, comme, par exemple, le séjour dans des climats chauds, l'usage immodéré d'alimens gras et huileux, un violent exercice, etc. On ne peut donc les employer avec confiance pour animer un foie engourdi, puisque l'engourdissement lui-même est souvent le résultat d'une longue stimulation de ces causes, particulièrement des premières.

Une douce et permanente chaleur de l'atmosphère est toutefois particulièrement favorable aux douleurs en question, attendu qu'elle maintient dans l'état d'une action modérée les vaisseaux poreux sur la surface du corps, et (par la sympathie qui existe entre la peau et le foie) les vaisseaux *sécrétifs* dans le foie.

Ceci explique l'état de mauvaise santé, et même le surcroît de douleurs que les malades des tropiques éprouvent si souvent

---

(*) C'est une sage maxime en médecine, que les douleurs lentes dans leurs progrès et chroniques ne sont généralement susceptibles de remède que par des soins long-temps continués. Le sens commun fait sentir l'illusion qu'il y aurait de s'attendre à extirper des maladies invétérées par des remèdes violens et subits, employés quelquefois et sans interruption, et les lois de la vie repoussent également de pareilles prétentions. C'est par un pouvoir plus faible, employé avec continuité, que l'on réussit quelquefois à dompter peu à peu la force de l'habitude. Les symptômes de maladies dangereuses ne doivent jamais s'oublier, et il convient de persévérer invariablement dans l'usage de la diète et du régime médical convenables à ces infirmités ou à leur tendance. Il n'est aucune maladie dans laquelle l'habileté du médecin puisse braver le défaut de soins dans les habitudes générales du patient ; et les personnes qui ne sont pas en quelque sorte leurs propres médecins pendant qu'elles sont affligées de pareilles maladies, ont mauvaise grace de critiquer les ordres qu'elles ne suivent qu'imparfaitement, ou que peut-être par négligence elles contrecarrent.

à leur retour dans les pays septentrionaux. Les sécrétions cutanées et hépatiques sont si interrompues et arrêtées, qu'ils sont obligés de prendre constamment des remèdes, et des douleurs d'entrailles les fatiguent très-généralement pendant long-temps après leur arrivée dans leur pays natal, mais pernicieux pour eux. Aussi le ciel riant des parties méridionales de l'Europe et de Madère est-il d'abord infiniment plus salubre pour les Anglais des Indes-Orientales ou Occidentales, retournant avec un foie mal sain, que l'atmosphère cru et variable de l'Angleterre.

Comme remèdes intérieurs, il n'en est point qui augmentent et améliorent aussi uniformément la sécrétion du foie que quelques douces préparations de mercure. Que ce minéral agisse sur le foie comme sur les autres glandes, en augmentant sa sécrétion, ou qu'il agisse d'une manière spécifique, comme sur les glandes salivaires, par exemple, c'est ce que je n'ai pas besoin d'examiner ici; mais qu'il augmente et perfectionne le fluide biliaire à un degré très-remarquable, tant lorsqu'il fait saliver que lorsqu'il purge, c'est un fait qui n'a besoin d'être appuyé d'aucun argument.

Une potion douce et graduelle de mercure est cependant tout ce que demande le corps dans la plupart des cas; et aussitôt que les selles deviennent jaunes et plus copieuses, le patient, en général, éprouve une sérénité d'esprit, goûte et digère mieux les alimens. Les yeux et le teint s'éclaircissent d'abord après, et le visage reprend un air animé. Lorsque les choses sont parvenues en cet état, il convient d'appliquer une suite de remèdes apéritifs, ou de faire usage des eaux de Cheltenham, combinées avec des amers et des toniques, pendant plus ou moins de temps, selon le progrès de la maladie, et de les continuer pendant long-temps. Dans ce but, la pillule bleue en dose de deux, trois ou quatre grains, chaque soir, combinée ou alternée par un purgatif, réussit généralement le mieux sans troubler la constitution, ni produire beaucoup de douleur dans les intestins.

Lorsqu'on ne juge pas prudent de soumettre le corps à l'influence du mercure, (et dans la plupart des cas il serait au moins inutile, dans beaucoup pernicieux) (*), il sera

(*) J'ai déjà parlé deux fois de l'abus des remèdes, mais je dirai encore que quand il est question d'une maladie, nous devrions toujours mettre en ligne de compte les maux qui accompagnent nécessairement l'usage des remèdes puissans, de peur qu'en subjuguant un ennemi nous n'en soulevions un autre que nous ayons à combattre à son tour. Les remèdes ont, non sans raison, été comparés à un torrent, qui non-seulement entraîne avec lui les pierres d'un champ, mais aussi une bonne partie du champ lui-même: et il n'y a pas de cas dans lesquels il soit

convenable d'adopter un système de remède qui produise à la fois une meilleure sécrétion biliaire, purifie les intestins, et améliore la digestion.

Ce remède, et généralement parlant, ce système, est, je le crois fermement, celui que M. Turnor a si chaudement recommandé, et a pris un soin si philanthropique, et avec un succès si signalé, de mettre en usage. Que c'en soit un qui exerce une influence peu commune sur les nombreuses sensations désagréables inséparables d'une certaine situation du corps, c'est ce dont je ne fais aucun doute. Je suis même entièrement convainçu que jusqu'à ce jour on n'en a senti qu'imparfaitement les vertus ou le prix, ce qu'il faut attribuer en grande partie à ce que l'on a cru que ses propriétés ont été *exagérées*, et le tableau de ses cures *surchargés* (*). Autant que l'expérience m'en a fait connaître les effets, je me crois obligé de dire qu'il mérite d'être signalé comme une des plus incontestables découvertes d'un intérêt et d'un usage général que l'on ait jamais fait connaître, comme un des plus grands bienfaits qui aient jamais été départis à l'homme *souffrant*; je dis plus, (pour parler le langage de quelqu'un qui ne s'en est pas moins bien ressenti que moi) « J'ai la ferme espérance qu'il prolongera considérablement la vie humaine dans ce royaume, et sera enfin adopté par toute la terre. » Différent de presque tous les autres moyens de guérison pour la majeure partie de ceux qui ont besoin des soins assidus de la faculté, il peut se prendre sans la moindre sensation de dégoût, dans toutes les circonstances (dans lesquelles l'usage en est convenable), et pendant tout le temps que l'on veut. Il remplit le but de son administration sans occasionner aucun dérangement, ni exciter aucune action extraordinaire dans le corps (ce qui arrive presque toujours pour les remèdes ordinaires); en d'autres termes, sans entraver en aucune manière

---

plus à propos d'établir la justesse de cette comparaison que dans ceux dont nous nous occupons maintenant, si l'on ne prend pas en juste considération la force que le patient a encore.

(*) Rien n'est plus propre à entraver les améliorations dans la pratique des remèdes que la coupable croyance que rien ne peut ajouter aux lumières que nous possédons sur les qualités de ces remèdes qui ont été mis depuis long-temps en usage. Nous savons toutefois que le nombre plus considérable de ceux qui sont mus par la louable ambition de se distinguer comme les bienfaiteurs du genre humain, emploient leurs efforts à la découverte de *nouveaux* remedes, au lieu de faire des expériences avec ceux dont les vertus médicinales sont déjà connues. Mais je pense que les mieux instruits de notre état conviendront que l'on peut encore faire bien des découvertes même sur les propriétés des remèdes qui ont été en usage depuis un temps immémorial, et qui sont familiers à tous les praticiens.

les fonctions de la nature; rarement, si tant est que cela arrive, il est intempestif, (et cela n'a lieu, autant que j'ai pu m'en assurer, que par l'idiocrase, ou le caprice du patient) et il manque tout aussi rarement d'être une source des plus heureux effets pour lui. La dose doit se régler par les résultats produits, et être prise par égales portions trois fois dans le cours de vingt-quatre heures. (*) Il doit provoquer une ou deux selles par jour, et pas davantage. Il faut y persévérer pendant *un laps de temps suffisant*; (**) et tel sera le soulagement d'une sensation fâcheuse, que le malade sera à la fin jaloux d'en continuer l'usage. Pour un grand nombre de maux les plus cruels du sexe, je promets d'avance les plus heureux résultats; et je ne suis pas moins persuadé de l'avantage non équivoque que l'on en recueillera comme auxiliaire des eaux de cette ville (***), dans presque toutes les

---

(*) Il est important d'observer cette prescription. C'est un axiome en médecine que les altérans produisent les meilleurs effets lorsqu'ils sont administrés en petites doses; ils ne font aucun bien lorsque, donnés en plus grandes doses, ou combinés avec d'autres substances, ils sont évacués par les premiers passages; il faut les laisser agir sur les absorbans, pour qu'ils puissent ensuite se décharger par les divers autres émonctoires. Or, comme l'objet du remède en question n'est pas seulement le soulagement des intestins, mais la restauration ou la communication de vigueur, par leur moyen, dans toutes les parties du corps, il doit, comme tous les autres toniques, être pris régulièrement en portions de doses, et à des intervalles propres à en assurer l'influence non interrompue. L'effet *apéritif* qu'il produit alors est de gouverner non *le nombre des doses*, mais seulement *la quantité de chaque dose.* Il n'est toutefois pas moins important que *cet effet* soit produit *aussi régulièrement :* il est sans doute essentiellement nécessaire de savoir régler les évacuations *alvines* pour prévenir la maladie; cependant, quelque bizarre que cela paraisse, il y a très-peu de personnes qui sachent ce qui constitue une évacuation suffisante; la constipation ne produit pas de douleur, et lorsqu'elles n'en ont pas et qu'elles vont à la selle (sans considérer si c'est une selle différente), elles pensent que tout est au mieux; néanmoins, dans bien des cas, c'est là le véritable pivot sur lequel tourne la santé. De là la nécessité d'une consultation spéciale, sur ce point, pour ceux qui désirent se conserver en bonne santé, ou qui sont à la recherche de ce trésor perdu. Un auteur français, Cabanis, dans ses *Rapports du physique et du moral de l'homme*, ouvrage où règne beaucoup d'instruction et d'intérêt, attribue *toutes* les maladies au dérangement du bas ventre, et, à quelques modifications près, il a incontestablement raison.

(**) Voyez la note, pages 19, 20, 21 et 22.

(***) Je ne puis m'empêcher de faire ici une remarque sur cette classe de remèdes auxquels ces eaux appartiennent, attendu qu'elle est en harmonie avec le principe que j'ai soutenu en parlant des effets de l'agent *végétal* que je me suis proposé dans cet Ouvrage de faire connaître avec plus d'étendue; je veux dire *les sels neutres.* Comme ils font tout ce que peut effectuer l'évacuation des intestins, sans agir fortement sur les fibres, ils ne causent pas d'irritation, du moins d'irritation inflam-

indispositions dans lesquelles on doit *les* recommander, particulièrement dans celles où, par *délicatesse* de santé, elles produisent un degré d'épuisement qui conduit à des sensations d'évanouissement, d'anxiété et de lassitude. Comme remède pour les maladies plus ordinaires des enfans, particulièrement dans les cas qui exigent une attention *perpétuelle*, comme les vers, la tumeur abdominale et le marasme, (*) on trouvera que c'est un remède dont on a désiré jusqu'ici la connaissance, et j'ai presque la conviction qu'il sera *reconnu* comme aussi bienfaisant dans la plupart des infirmités plus invétérées, telles que la goutte, le rhumatisme, l'asthme, l'hydropisie, la pa-

---

matoire à tout le corps, et sont par conséquent d'un usage moins utile lorsqu'il y règne quelque disposition inflammatoire. *Copieusement* saturés, comme c'est ici le cas, (et c'est la meilleure forme de leur administration) leur opération a les effets les *plus* bienfaisans. Car l'eau ayant exercé sur l'estomac son action tendante à le fortifier et à le recréer, passe promptement dans les intestins comme font les fluides, entrainant plus ou moins de tous ses ingrédiens, mais particulièrement son purgatif; et alors le purgatif, par sa grande saturation et par suite sa dispersion *sur toute la surface intérieure du canal*, provoque dans les innombrables petits vaisseaux poreux dont il est environné une copieuse sécrétion: et quoique l'action puisse n'être que fort légère sur telle ou telle partie en particulier, vu l'exiguité des particules de sel, cependant comme elles se sont *universellement* répandues, et *agissent à la fois sur tout le système des vaisseaux poreux*, il en résulte une évacuation plus *soudaine*, *plus aisée*, *plus copieuse* et *plus expéditive* que celle qu'on peut souvent obtenir par une beaucoup plus grande quantité de purgatifs plus actifs moins atténués, et cela accompagné de ces importans avantages, que, comme l'action est *douce*, on n'en éprouve ordinairement pas de douleur sensible; et que, comme elle est *superficielle*, les particules sont bientôt emportées dans le courant général, sans laisser *derrière elle* aucune de ces sensations désagréables qui suivent ordinairement l'usage des autres cathartiques.

Pour s'assurer d'une manière encore plus convaincante que le *sel* de Cheltenham doit sa grande supériorité dans les circonstances particulières que j'ai citées, principalement au principe d'atténuation, on n'a qu'à le comparer aux autres purgatifs de la même classe; car nous trouvons que selon la quantité d'eau qu'ils retiennent dans leur cristallisation, et le degré de solubilité qui en résulte, ils ont avec lui plus ou moins de ressemblance dans leur mode d'opérer.

(*) Je traite dans ce moment même un des cas les plus graves de ces deux dernières maladies simultanées, accompagné de tant d'effusion dans la cavité de l'abdomen, qu'il exige la ponction, et il justifie d'une manière bien honorable l'assertion ci-dessus. Le sujet est une petite fille remplie d'intelligence, âgée de quatre ans et demi. Depuis plusieurs semaines, avant que je la visse, elle dépérissait peu à peu, tandis que la grosseur de son ventre augmentait graduellement, jusqu'à ce que son aspect finit par prendre plus exactement celui d'une araignée, que celui de la figure humaine. L'ayant préparée à recevoir la graine de moutarde, je l'y assujetis, et son bon effet fut bientôt sensible. Son rétablissement marche d'un pas ferme.

ralysie, la paraplégie, le tic douloureux, la crampe, et beaucoup d'affections des intestins de la région inférieure (*), et des rognons. Je ne crains pas de le recommander aussi comme propre à *prévenir* la phthisie. J'en ai déjà *signalé* les avantages sur les remèdes ordinaires pour les *irrégularités de fonctions qu'éprouvent les jeunes femmes*, qui conduisent si souvent à des maux *plus graves*, et quelquefois à cette consomption, et je sens avec quel succès on pourrait en faire usage pour *diriger* ce changement qui a lieu chez le sexe dans un âge plus avancé. Pour les mères ou nourrices qui allaitent des enfans mal sains, il est d'une utilité toute particulière, vu que les bons effets qu'elles en éprouvent elles les communiquent en même temps à leurs nourrissons, et on ne le trouvera pas sans vertu en le *substituant* à des moyens de guérison plus suspects après la fièvre, la rougeole, la petite vérole, et autres maladies affaiblissantes. Au fond, toutes les fois que nous avons besoin d'un stimulant efficace et sûr qui agisse sur tout le système, et plus particulièrement sur les parties nerveuses et chylifères, je n'en connais pas qui soit préférable à la graine de moutarde. C'est à la fois un *tonique* dans le meilleur sens du terme, un *apéritif* d'une supériorité sans égale, et un *sédatif* du genre le plus adoucissant et le plus salutaire. Et voici comment il remplit sa triple fonction bienfaisante : 1° en produisant une quantité considérable de mucilage doux qui s'identifie et qui est singulièrement favorable à un état d'irritation d'estomac et d'entrailles ; 2° en stimulant graduellement et agréablement les effets sur toute la surface intérieure de ces deux viscères ; 3° et par sa légère action mécanique qui aide à élaborer leur contenu. C'est pourquoi en même temps il fortifie à un degré remarquable *toute la ligne* du canal alimentaire, et en conséquence favorise la digestion et la conversion de la nourriture, et avec elles l'appétit, le sommeil, et une santé générale. Pour les pauvres elle est inappréciable sous tous les points de vue ; elle leur sert à la fois de nourriture et de remède, (**) et

(*) On peut ajouter à cette liste les hémorrhoïdes saignantes et inflammatoires, le ténesme, la descente, la fissure, les ulcères, la fistule, et surtout les cas plus nombreux considérés et traités en effet comme cas de resserrement. Comme la plupart de ces infirmités ont généralement leur source dans le désordre des organes digestifs, leur guérison s'effectuera en corrigeant l'état général du canal intestinal, et, très-certainement, par des remèdes qui tendent à rétablir la sécrétion naturelle de la surface intérieure des intestins, sans y exciter rien qui ressemble à une action forcée. Et je ne sache pas qu'il existe de remède qui agisse ainsi uniformément sur cette surface, ou conserve la faculté de le faire dans tout son cours avec autant de certitude et de bonheur que celui dont je parle.

(**) A l'appui de ceci je ne puis m'empêcher d'ajouter le témoignage

par cela même elle est surtout propre à prévenir les nombreux et redoutables maux physiques avec lesquels ils ont à lutter, et auxquels ils sont particulièrement exposés. C'est un remède convenable à la fois à l'enfance et à la vieillesse. Il met les jeunes en état de lutter contre la faiblesse morbide qui s'attache à leurs tendres années, et il soutient les personnes âgées accablées des infirmités qui accompagnent généralement le déclin de l'âge, tandis qu'à toutes les époques de la vie, et dans toutes les conditions, il semble communiquer la vertu de résister aux effets des changemens subits d'atmosphère, et prévenir ainsi cette armée de maux qui naissent de notre climat variable et incertain. Ceux qui connaissent les effets du *climat* sur le corps humain, ne regarderont pas comme un paradoxe que je prétende que ce remède ne sera pas moins heureux

---

de M. Turnor, qui m'écrit en ces termes : « En rendant visite à des » personnes pauvres après qu'elles ont eu pris de la graine de moutarde » pendant quinze jours ou trois semaines, il s'est *presque toujours* établi » le dialogue suivant :

« Comment vous trouvez-vous ?

« Je me porte beaucoup mieux. Je me trouve tout un autre homme.

« Eh bien, dites-moi la vérité, je ne veux pas de réponse flatteuse.

« Oh! Monsieur, je dois être mieux, et (portant ses deux mains sur « l'estomac et l'abdomen) *je me sens l'intérieur beaucoup plus fort.* J'ai» merais mieux me passer de dîner que de graine de moutarde. »

Je ne puis non plus me dispenser d'étayer là-dessus, ainsi que sur un témoignage semblable qui m'a été rendu par une personne du plus haut rang, lorsque je l'entretenais sur son utilité comme substitut de nourriture dans quelques cas où l'on ne pouvait manger, l'opinion qu'il peut être un moyen plus efficace de soutenir, si non de prolonger l'existence, que ceux auxquels nous avons jusqu'ici été obligés d'avoir recours dans ces circonstances déplorables auxquelles des personnes sont quelquefois réduites par le resserrement de l'œsophage, etc. dernier période de prostration des forces, provenant de la fièvre, ou d'autres causes de faiblesse extrême. Voici simplement de quoi il était question : Pour quel motif continuiez-vous l'usage de la moutarde lorsque, comme vous me dites, vous l'aviez employée comme un moyen d'adoucir vos douleurs ? — Je le faisais parce que je trouvais qu'elle me rendait tous les services des cordiaux et de la nourriture, tout en me garantissant des inconvéniens de tous les deux.

Je crois qu'il n'est pas sans intérêt d'ajouter que c'est à la même source que j'ai puisé la satisfaction de savoir que ce serait peut-être rendre un service au public que de lui mettre sous les yeux ces instructions avec plus de développement. On avait recommandé à cette dame, bien des mois avant que je la visse, de prendre de la graine de moutarde, et elle en prit non sans beaucoup de succes ; mais en la prenant comme elle fit, sans savoir pourquoi et pour quelle fin elle la prenait, et trouvant quelque temps après que cette graine n'opérait pas en elle ce qu'elle en attendait (je veux dire l'effet des autres apéritifs), elle y renonça comme remède, et n'y eut recours que pour le but précité. Elle l'a maintenant reprise *par systeme*, et elle répare la perte qu'elle avait éprouvée dans l'interruption de son usage.

contre les maux que produit si généralement le séjour des Indes-Orientales ou Occidentales; et cela, non-seulement par son influence *généralement* bienfaisante, mais plus particulièrement par son effet direct sur les viscères chylifiques, en fortifiant le corps contre les attaques auxquelles il est particulièrement sujet dans ce pays-là, et en servant *d'excellent* substitut de tous ces stimulans nuisibles, auxquels (d'après l'idée qu'on se fait de leur nécessité) on a si constamment recours pour cet objet. Ainsi, je pense qu'on trouverait qu'il combat les causes naturelles et artificielles d'un grand nombre de ces maladies. Si cette attente se réalisait, on sent du reste l'immense avantage que recueilleraient ceux dont le sort est de séjourner dans les colonies, et qui sont souvent obligés de retourner dans leur leur pays natal avec une constitution délabrée et des espérances déçues, ou au moins avec une si mauvaise santé qu'elle les rend incapables de jouir de tout autre avantage qu'ils se seraient acquis par une absence plus ou moins longue. Je ne suis pas à même de déterminer quel pourrait être l'effet de son administration régulière aux enfans depuis l'époque à laquelle on les sèvre, jusqu'à leur arrivée à l'adolescence; mais je suis porté à croire qu'en *assurant* ainsi l'action régulière des fonctions des viscères pendant tout le temps de la croissance du corps, le caractère tant individuel que national y gagnerait sensiblement, et nous deviendrions de nouveau, de mous que nous sommes, un peuple plein d'énergie.

Mais, lorsque je parle avec tant de force de ses vertus, je ne voudrais pas être mal compris. Je suis loin de prétendre qu'il faille regarder la semence de moutarde comme ayant des propriétés *universelles;* je dirai même qu'il est bien des cas, où son usage paraît convenir, dans lesquels on doit l'administrer avec précaution, et beaucoup d'autres où il faut lui adjoindre pendant quelque temps d'autres remèdes *plus actifs*, et plus puissans (*); il en est encore un assez grand nombre où des remèdes *non caractérisés* peuvent être utiles. Je ne plaide sa cause que parce que l'expérience m'a fait connaître non-seulement son étonnante efficacité dans le cas des autres, mais encore dans ma maladie chronique que je croyais incurable. Il n'est pas nécessaire de donner maintenant les détails des cas

(*) Il faut bien faire attention à ceci, autrement il s'ensuivrait de grands mécomptes tant pour le patient que pour celui qui prescrit le remède, qui perdrait lui-même la confiance qu'il s'est si généralement acquise. Dans les cas où l'usage quotidien de divers remèdes est devenu nécessaire pour le soulagement, soit réel, soit présumé du patient, il faut beaucoup de *circonspection* pour opérer un changement de régime. Il ne faut point interrompre *brusquement* ces habitudes, mais les modifier *peu à peu.*

susmentionnés, et quant au mien propre il serait tout-à-fait déplacé d'en parler ici au long. Qu'il me suffise de dire qu'ils ont été aussi variés que nombreux ; et je puis déclarer avec vérité que je n'ai jamais su ce que c'était que de jouir d'une santé parfaite pendant vingt-quatre heures, jusqu'à ce que je fus instruit de l'efficacité de la graine de moutarde blanche, et que je la pris en nature. (*)

Tout ce que je demande donc, c'est un essai *sincère* de ses vertus; et lorsque je m'étends ainsi sur un article dont M. Turnor a pris chaudement les intérêts, je prie le lecteur de ne pas penser que je donne mon adhésion à l'usage aveugle et imprudent d'un remède qui, quelques bonnes qualités qu'il

---

(*) Comme il est des personnes qui s'imaginent que tout ce qui est *nouveau pour elles* est une nouveauté, je crois devoir dire ici que les vertus de la semence de moutarde sont signalées par tous les pères de la médecine. Le passage suivant de Pline résume, à mon avis, tout ce que j'ai trouvé dans leurs ouvrages, et sanctionne du moins à peu près tout ce que j'ai dit dans les pages qui précèdent :

« Sinapi, cujus in sativis tria genera diximus, Pythagoras principatum habere ex his quorum sublime vis feratur, judicavit, quoniam » non aliud magis in nares et cerebrum penetret. Ad serpentium ictus et » scorpionum tritum cum aceto illinitur. Fungorum venena discutit. » Contra pituitum tenetur in ore, donec liquesquat, aut gargarizatur » cum aquâ mulsâ. Ad dentium dolorem manditur : ad uvam gargarizatur cum aceto et melle. Stomacho utilissimum contra omnia vitia, » pulmonibusque. Excreationes faciles facit in cibo sumptum : datur et » suspiriosis. Item comitialibus tepidum cum succo cucumerum. Sensus, » atque sternutamentis caput purgat, alvum mollit, menstrua et urinam » ciet. Hydropicis imponitur, cum fico et cumino tusum ternis partibus. » Comitiali morbo, et vulvarum conversione suffocatas excitat odore, » aceto mixto : item lethargicos. Adjicitur tordilion. Et autem id semen » ex seseli. Et si vehementior somnus lethargicos premat, cruribus aut » etiam capiti illinitur cum fico ex aceto. Veteres dolores thoracis, lumborum, coxendicum, humerorum, et in quâcumque parte corporis ex » alto vitia extrahenda sunt, illitum caustica vi emendat, pustulas faciendo. At in magnâ duritiâ sine fico impositum : vel si vehementior » ustio timeatur, per duplices pannos. Utuntur ad alopecias cum rubrica, » psoras, lepras, phthiriases, lithanicos, opisthotonicos. Inungunt quoque scabras genas, aut caligantes oculos cum melle. Succusque tribus » modis exprimitur in fictili, calescitque in eo in sole modicè. Exit et è » cauliculo succus lacteus, qui ita cum indaruit, dentium dolori medetur. Semen ac radix, cum immaduere musto, conteruntur, manusque » plenæ mensura sorbentur ad firmandas fauces, stomachum, oculus, » caput, sensusque omnes : mulierum etiam lassitudines, saluberrimo » genere medicinæ. Calculos quoque discutit potum ex aceto. Illinitur » et livoribus sugillatisque cum melle et adipe anserino, aut cera Cypria. Frit et oleum ex semine madefacto in oleo expressoque, quo » utuntur ad nervorum rigores, lumborumque et coxendicum perfrictiones. »

LIB XX. C. 22.

puisse avoir, est susceptible de devenir malfaisant par négligence ou par ignorance.

Pour mieux faire comprendre que je ne le considère pas comme devant exclure l'usage de tous les autres moyens, j'arrive maintenant aux remèdes extérieurs, qui ne sont pas de peu d'importance dans cette classe de maladies.

Ayant été requis à plusieurs reprises de faire la traduction du passage ci-dessus, et sentant qu'on pourrait me soupçonner d'infidélité, je donne ici celle d'Holland, la seule traduction *digne de confiance* que je puisse donner. Si elle a quelque chose d'âpre et de dur, le lecteur doit en rejeter la faute sur le siècle où il vecut. Je ne me suis pas assujéti à la traduotion anglaise qui est plutot une paraphrase qu'une traduction. (*Note du Traducteur*)

Le sénevé, dont il y a trois espèces, comme je l'ai déjà observé dans mon Traité des plantes potagères, est placé par Pythagore au premier rang des simples qui ont le plus de fumée; car il n'est rien qui affecte plutôt le nez, et qui monte plus promptement dans le cerveau que le sénevé. On en pile la graine sur laquelle on verse du vinaigre pour faire un cataplasme contre la morsure des serpens et la piqûre des scorpions. Cette plante a de plus la vertu de chasser le venin des champignons. Tenue dans la bouche jusqu'à ce qu'elle fonde, ou employée avec de l'hydromel pour se gargariser, elle est excellente contre la pituite. On la mâche contre les maux de dents. On la délaie dans du vinaigre et du miel pour se gargariser contre la luette. Elle est très-bienfaisante contre les dérangemens de l'estomac et des poumons. Prise avec de la nourriture, elle facilite les expectorations On la donne aussi aux asthmatiques. Les épileptiques la prennent chaude avec du jus de concombre. Elle purge les sens, ainsi que la tête, en faisant éternuer, amollit le ventre, provoque les règles et l'urine. On en fait un cataplasme pour les hydropiques, en y mêlant trois quarts de figues et de cumin. En y mêlant du vinaigre, et le portant au nez des femmes qui éprouvent une suffocation de la matrice, il les ranime. Il produit le même effet à ceux qui ont un accès de léthargie. On y joint le tordilion, qui est la semence de seseli. Lorsque le sommeil léthargique est excessivement profond, on l'applique aux jambes et même à la tête avec des figues et du vinaigre. Employé en cataplasme, il soulage par sa vertu caustique les maux de poitrine, de reins, de hanches, d'épaules et de toutes les parties élevées du corps, en faisant des pustules. Mais lorsque la chair est très-dure, on n'y met pas de figues; et lorsqu'on craint qu'il cuise trop, on emploie un drap double. On s'en sert contre les caroncules, la gale, la lèpre, les maladies pédiculaires, les maux de nerfs. On passe aussi du miel sur les joues galeuses, et les yeux troubles. Le suc de sénevé s'exprime de trois manières dans un pot de terre, et on l'y laisse chauffer un peu au soleil. Il sort de la tige un suc laiteux qui, après avoir durci, guérit les maux de dents. La semence et la racine, après avoir été imprégnées de vin doux, sont pilées, et on en avale plein le creux de la main pour fortifier le gosier, l'estomac, les yeux, la tête, et tous les sens : c'est aussi pour les lassitudes des femmes le remède le plus salutaire. Pris en boisson avec du vinaigre il broie aussi la pierre. On fait aussi avec de la graine de moutarde une huile dont on se sert beaucoup pour réchauffer et adoucir la roideur des nerfs occasionné par le froid, ainsi que pour obvier au froid perçant réfugié dans les reins et les hanches, et qui donne naissance à la sciatique.

Le *bain tiède* peut réclamer la préséance. Si l'on fait attention à l'immense chaîne des sympathies entre la peau et les organes intérieurs, on comprendra aisément l'avantage qui résulte de l'usage judicieux du bain chaud. En augmentant une douce évacuation de la peau, le bain chaud accroît les sécrétions intérieures, particulièrement les sécrétions biliaires, tandis qu'en même temps il remédie à la congestion dans le foie. Généralement parlant, c'est l'agent extérieur le plus puissant et le plus agréable auquel nous puissions avoir recours pour le soulagement de ces innombrables sensations morbides et irrégulières qui accompagnent les maladies dont nous nous occupons ici. Le *bain de vapeur* est encore plus efficace que le bain liquide, et lorsque la position du patient le demande, il doit lui être préféré. Lorsqu'on ne peut se procurer ni l'un ni l'autre, le *bain de pied* peut jusqu'à un certain point leur être substitué avec avantage.

Après le bain chaud, *les frictions* avec de la flanelle sont d'un grand usage; et la région du foie, aussi bien que toute l'épine dorsale, doivent être particulièrement bien frottées, afin d'exciter l'action des divers vaisseaux qui provoquent la circulation, l'absorption et la sécrétion; moyen dont on s'avise rarement, mais dont on se trouvera très-bien par les avantages extraordinaires qu'il procure. Quant au *bain froid*, il n'est pas aussi aisé de tracer des règles générales. Dans les cas nombreux des maladies que nous appelons nerveuses et hypocondriaques, le bain froid est un excellent remède; mais lorsque la région du foie a déjà éprouvé un grand dérangement soit dans ses fonctions, soit dans ses organes, la compression du bain, et l'affluence subite du sang de la surface au centre du corps, deviennent des circonstances dangereuses, et il en est souvent résulté les conséquences les plus sérieuses.

Dans tous les cas, lorsqu'on veut en éprouver les effets, le bain chaud doit en précéder l'usage pendant quelque temps; et ensuite en baissant la température de l'eau avec toutes les précautions possibles, il faut en venir sans façon au bain froid lui-même. Lorsque l'on peut supporter ce dernier, et qu'il en résulte des symptômes favorables, avec une réaction modérée, alors on aura beaucoup gagné, puisque ces vicissitudes saines du fluide vital conduisent au rétablissement des sécrétions, et à une balance égale de l'excitabilité et de la circulation partout le corps. Avant de quitter l'article des bains, je parlerai de l'usage bien connu d'éponger le corps avec du vinaigre et de l'eau, d'après la méthode du docteur Stewart dans les affections de poitrine; méthode dont on ne peut trop constater les bons effets, soit que nous la considérions comme un intermédiaire entre l'immersion chaude et l'immersion froide, ou comme un moyen d'obtenir les résultats pour lesquels on prescrit le bain froid (*). Je ne veux pas négliger le moyen non moins utile du docteur Scott (le bain nitro-muriatique) pour obtenir du soulagement dans les affections de l'abdomen. Ses effets sont assez bien connus pour établir sa réputation comme remède *important* lorsqu'on lui donne des auxiliaires convenables. Sous le titre des remèdes externes, on peut aussi placer le changement de climat, ou l'échange d'une atmosphère variable pour une autre plus uniforme. Cependant tout changement *soudain*, même de cette espèce, est dangereux.

Un voyage maritime est, en général, aussi salutaire dans les douleurs du foie que dans les douleurs pulmoniques, quoiqu'en général on n'en ait pas cette opinion. Le mouvement du vaisseau, la pureté comparative et l'équilibre de l'air, et des heures régulières, paraissent être les principales causes d'une heureuse influence; mais peut-être seraient-elles bien compensées par les avantages qu'on peut obtenir dans un voyage sur terre, ou, à l'exercice en voiture, ou à cheval, se joignent l'amusement et le plaisir que puise l'esprit dans la contemplation des sites ruraux ou romantiques, avec la variété d'objets que l'aspect de la nature présente à l'œil du voyageur dans cette belle île.

Il n'est que trop vrai cependant que dans la classe des maladies que nous considérons maintenant, chaque paysage se couvre d'une teinte sombre, et que l'âme se porte continuellement des amusemens et des observations extérieures à de noires réflexions sur nos sensations morbides; et quelque mode de voyager que nous adoptions, il ne faut pas nous attendre à laisser tout-à-coup nos soucis derrière nous, ou à nous échapper à nous-mêmes.

Heureux, trois fois heureux, doivent s'estimer ceux qui, parvenus au point où aucun plaisir terrestre ne peut leur donner de jouissance, et où le pouvoir humain semble hors d'état de leur prêter secours, sont portés à chercher des consolations d'un ordre plus élevé! Rien n'est plus propre peut-être à nous apprendre que toutes les choses humaines ne sont que *vanité et tourment d'esprit*, que cette classe de souffrances dont nous avons parlé; et celui qui a appris cette

(*) Dans la vue d'écarter tout obstacle qui pourrait se rencontrer dans l'usage plus étendu de ce remède précieux, je crois à propos de donner ici des directions particulières à cet égard. On n'a tout simplement qu'à se conformer à ce qui suit : frottez soir et matin avec la main ou avec une éponge trempée dans une égale portion de vinaigre et d'eau, toute l'étendue des bras, de la gorge, du cou, de la poitrine, du dos, de l'estomac et du ventre ; employez ce mélange tiède pendant trois ou quatre fois, et ensuite froid ; essuyez d'abord la peau avec une serviette grossière, et ensuite frottez-la pendant au moins dix minutes avec de la flanelle ou une brosse à peau. Au bout de quelques jours les membres infé-

leçon d'une manière pratique, à quelque prix que ce soit, n'a pas payé trop cher cette acquisition. Savoir que ce séjour n'est point celui du repos, et savoir où il est, vaut mieux que toutes les richesses Il est possible que ces souffrances lui soient envoyées pour son instruction, et il peut trouver que ces épaisses ténèbres qui sont devant lui (comme celles qui remplirent l'armée d'Égypte de terreur et d'épouvante) aient un côte brillant d'une sainte flamme, gage lumineux d'une Divinité presente, protectrice et tutélaire.

Mais revenons à notre objet.

Je rappellerai ici les bons effets d'un large bandage de flanelle, en plusieurs doubles, que l'on porte bien serré autour de l'abdomen, et qui s'étend jusqu'à la région épigastrique. Ses heureux résultats peuvent s'expliquer, en premier lieu par le soutien local qu'il donne aux viscères abdominaux; en second lieu par la température et la chaleur uniforme qu'il y maintient; et en troisième lieu par l'action toujours égale qu'il

---

rieurs peuvent être traités de la même manière La quantité de vinaigre peut être réduite par degrés au bout d'une semaine ou de dix jours, jusqu'à ce qu'elle ne fasse plus qu'un tiers; et quelques semaines après, il suffira souvent d'avoir recours une fois par jour à son influence rafraîchissante et fortifiante.

Les bons résultats de ce procédé sont incalculables; rien ne peut être plus extraordinaire que ses effets pour produire le sommeil, et pour baisser le pouls dans bien des cas d'affection de poitrine, où les anodins et autres remèdes sont ou inadmissibles ou inutiles : et dans presque tous les cas du dérangement des viscères, il manque rarement de produire un soulagement notable au patient. Il absorbe la chaleur intérieure, favorise une bienfaisante circulation sur la surface, et ouvre les pores de la peau, et accomplit ainsi le grand objet qu'on ne doit jamais perdre de vue, celui de défendre le patient contre les changemens atmosphériques et l'atteinte du froid. D'autres avantages naissent encore de l'adoption de ce plan, par exemple la faculté qu'a le vinaigre d'augmenter l'élasticité des vaisseaux cutanés, et, lorsqu'il a pénétré dans le corps, de diminuer la fièvre; sa coopération matérielle à l'effet de régler les intestins, lorsqu'on y joint la friction extraordinaire dont il doit toujours être accompagné; et par dessus tout son importance comme *substitut* de l'exercice et de l'air dans certaines circonstances. Pour résumer tout ce que j'aurais à dire relativement à ce mode d'influencer la santé et la force de la circulation, et par conséquent la santé de toutes les fonctions du corps, je n'hésite pas à déclarer que je suis dans la ferme conviction, d'accord ici avec l'opinion de mon premier et bien estimable précepteur, M. Charles Bell, que si au lieu de prendre l'estomac, ou le foie, ou les intestins, et de travailler continuellement sur eux à l'exclusion des autres parties de notre corps, on se proposait de prendre *la peau* pour l'objet de ses soins, cette pratique aurait autant de succès, et fournirait bientôt des cas et des faits aussi nombreux, tandis que sa liaison avec la science générale serait plus étroite, et ses droits à la faveur du public plus solides que ceux qui y ont prévalu jusqu'ici en promulguant des doctrines sur les fonctions et les maladies de parties individuelles.

y exerce, et la transpiration de la peau qui en est la suite.

En hiver, au printemps, et en automne, l'usage général de la flanelle est nécessaire dans le dérangement des fonctions ou de la structure des organes biliaires ou digestifs; en hiver, pour se défendre du froid; au printemps et en automne, pour remédier aux changemens atmosphériques, qui règnent principalement alors. Lorsque la chaleur de l'été rend la flanelle pénible ou affaiblissante, par l'excès de la transpiration, on doit y substituer du calicot léger. (*)

(*) C'est une erreur de supposer que la flanelle est un vêtement trop chaud pour l'été. Le fait est que quoiqu'elle augmente la transpiration, elle favorise en même temps *l'évaporation :* et nous savons que l'évaporation produit un froid positif, cette évacuation étant le moyen désigné par la nature pour supprimer la chaleur surabondante, soit qu'elle provienne du climat, de l'exercice, ou de la fièvre. Quant au vêtement chaud, on ne peut trop en dire, soit sous le rapport de l'adoucissement qu'il procure aux indispositions en question, soit parce qu'il favorise la santé, et qu'il est ainsi l'instrument de toutes les autres jouissances de la vie. La recette favorite de Boerhaave pour la santé était « de quitter le vêtement d'hiver à la Saint-Jean, et de le reprendre le lendemain : » C'est là en effet le seul moyen efficace que nous puissions adopter pour échapper à l'influence de ces changemens soudains de temps auxquels nous sommes si incessamment exposés. Ces changemens soudains, qui ont lieu pendant les trois-quarts de l'année, peuvent être regardés comme non moins nuisibles à la santé qu'ils sont désagréables à nos sens; et nos appréhensions de *nous enrhumer*, qui ont souvent paru ridicules aux étrangers, sont réellement mieux fondées que beaucoup de personnes même parmi nous ne sont disposées à le croire, les *rhumes* dans leurs *conséquences* devenant funestes toutes les années à des milliers d'individus Quoique nous ne puissions espérer d'échapper entièrement aux sensations désagréables, ou de nous prémunir tout-à-fait contre les fâcheux résultats de cette versatilité de notre climat; cependant, si nous donnons une attention convenable à *la nature du vêtement*, nous pouvons éviter une grande partie du danger. Si les *femmes* sont sujettes à s'enrhumer plus fréquemment que les hommes, ce n'est pas seulement en raison de la délicatesse de leur constitution, ou de ce qu'elles vivent davantage dans la retraite, mais à cause du changement fréquent qu'elles font dans la qualité ou la quantité de leurs vêtemens, et quelquefois parce qu'elles exposent ces parties du corps qui, un peu auparavant, avaient été chaudement couvertes. Si les femmes sont dans une plus grande proportion victimes de la *consomption*, ne pourrions-nous pas aussi en trouver la cause dans le fait, qu'elles règlent leur toilette plutôt par un esprit d'élégance, que par le sentiment de son véritable but; ou, en d'autres termes, qu'elles sont plus jalouses de la *mode* que de la *santé*, et qu'elles sont gouvernées par *l'apparence* plutôt que par *l'utilité ?*

N'est-ce pas encore à cette même tyrannie de la mode qu'il faut s'en prendre de ce qu'il y a beaucoup plus de filles que de garçons contrefaits ? La difformité du corps, comme on l'a déjà dit, vient souvent de faiblesse ou d'infirmité, et d'une fausse direction. *

* En me référant à ce que je dis alors, je ne puis me dispenser de payer ce tribut de respect que je dois ici au docteur Ralph Palin, à l'excellent ouvrage duquel, sur l'influence des habitudes et des mœurs sur l'espèce humaine, j'ai puisé une grande partie des vues et des idées que j'ai sur cette matière.

Il faut porter la plus grande attention aux pieds. Si on les laisse au froid ou à l'humidité, une augmentation d'engourdissement ou d'irritabilité morbide sera, par une sympathie directe ou opposée, communiquée au foie et aux viscères chylifiques, d'où résultera inévitablement le dérangement de leurs fonctions. De là la nécessité de la chaleur et de l'absence de toute l'humidité, et l'utilité de fréquens bains de pieds, et de frictions avec de la flanelle.

Mais n'est-elle pas fréquemment l'effet d'un mauvais choix de vêtemens? Ne vient-elle pas souvent de ce qu'on veut corriger par la toilette la forme que Dieu leur a donnée? Et ceux qui ne savent faire mieux, ne croient-ils pas que la figure de la femme serait désagréable si elle n'était pas traitée de la sorte? Les os des personnes qui croissent sont si cartilagineux, qu'ils cèdent facilement à la plus légère pression, et prennent aisément la forme de l'enceinte dans laquelle ils se trouvent relégués. La pression de l'abdomen par le corset, tel qu'on ne le fait que trop généralement, gêne l'action de l'estomac et des intestins, et le mouvement nécessaire à une saine respiration. La marche de la digestion et la circulation convenable du sang se trouvent ainsi entravés, et il en résulte nombre de maladies accablantes. La souplesse du corps, et la grâce naturelle de la forme féminine, se trouvent paralysées par cet emprisonnement rigoureux. Le zèle imprudent de la mère pour la beauté des formes de sa fille lui rend un autre très-mauvais service, car il lui arrive fréquemment d'être impropre au mariage, de souffrir beaucoup en changeant d'état, si elle ne meurt en couche.

Ces observations sont particulièrement applicables aux enfans; par l'inattention sur leurs vêtemens, on jette les fondemens de plusieurs maladies qui leur deviennent funestes, particulièrement l'inflammation des poumons, et de l'enveloppe de la membrane de la trachée, etc. Cette dernière, dans son état le plus violent, a pris le nom de croup, maladie qui quelquefois fait périr dans quelques heures. Il s'en faut de beaucoup qu'il soit invariablement vrai que les enfans, qui ont été endurcis au froid, et élevés à la dure, (comme on dit) soient les plus forts dans l'adolescence : un grand nombre ont sans doute survécu, et quelques-uns peuvent avoir prospéré, malgré le régime auquel on les a soumis; mais tous les hommes de l'art qui ont été à portée de beaucoup observer les maladies des enfans, ont dû remarquer que les familles dans lesquelles les enfans sont *le moins* exposés à l'influence du froid, jouissent généralement d'une meilleure santé, tandis que celles où ils sont traités d'après le principe erroné qu'il faut les endurcir, sont rarement exemptes de quelque maladie d'un genre ou d'un autre. C'est par cette manière de traiter les enfans que beaucoup de maladies, qui autrement seraient demeurées inertes, sont mises en activité; et beaucoup de personnes, par le seul fait de cette erreur, deviennent victimes de la consomption pulmonaire et de la scrofule dans un âge plus avancé. Et cependant combien cette erreur n'est-elle pas commune, dans la pratique du moins, si ce n'est en principe ou en volonté? Combien de fois ne voyons-nous pas des enfans, même des enfans *délicats*, non-seulement en été, mais à toutes les époques de l'année, les bras et la poitrine découverts, et leur corps depuis l'estomac en bas dans l'état absolu de nudité? Est-ce ainsi que l'on travaille au développement de la nature?

Quoique beaucoup de ces circonstances aient déjà été signalées, on les reproduit ici, dans la conviction où l'on est de leur importance, et de la nécessité de les imprimer fortement dans l'esprit tant des patiens que des praticiens.

On peut aussi placer ici l'exercice comme moyen curatif. On se fait assez généralement une idée très-erronée de la nature et des effets de l'exercice dans les différentes situations du corps. On se fait tous les jours beaucoup de mal en portant ce remède à l'excès, ce qui aggrave les maux qu'il était destiné à éloigner. Toutes les fois qu'il est porté jusqu'à la fatigue dans les maladies que nous considérons, ses effets sont semblables à ceux de la débauche. Tous les exercices actifs doivent se faire, en été, dans les matinées et les soirées; tandis qu'on doit se livrer à un repos frais au milieu du jour, et particulièrement après le

---

La santé de l'animal exige non-seulement qu'il conserve un degré convenable de chaleur animale, mais encore qu'il se forme continuellement en lui une nouvelle sève, et une évacuation continuelle de l'ancienne. Sans une quantité suffisante de transpiration, qui chez nous dépend beaucoup de l'habillement, ni les végétaux, ni les animaux, ne peuvent conserver la santé : une plante dont les pores sont bouchés tombe malade et meurt ; et un œuf dont la coque a été couverte de vernis, et dont les pores ont été ainsi bouchés, ne produira pas d'animal vivant, soit par le contact de la chaleur ordinaire, soit par l'incubation de la poule. Il a été reconnu par des expériences aussi concluantes que dignes d'intérêt, que la transpiration *insensible* seule produit une plus grande émanation que toutes les évacuations sensibles ensemble ; et que cette proportion avec toutes les autres évacuations est comme cinq est à trois : quoique cette proportion varie dans les différens âges, climats et constitutions, elle est cependant d'une telle importance dans tous, que lorsqu'elle manque à un degré considérable, il s'ensuit nécessairement de l'indisposition dans le corps. En effet, en considérant l'importance de la fonction de la peau dans ses effets sur l'activité générale du système vasculaire, et dans l'action qui a lieu entr'elle, l'estomac et les intestins, et les rognons et poumons, on se convaincra de la sagesse, si non de la nécessité de faire attention à son état *habituel*. Engagés comme le sont la peau et les poumons dans l'exercice de la même fonction (qui est de dégager le gaz acide carbonique), nous devons porter une attention particulière à l'état de la première, lorsque le dernier organe a de la disposition à être malade, puisque toute impression de froid sur la surface, tout obstacle porté à la transpiration, impose aux poumons une action extraordinaire qui y produit ainsi de l'irritation, et peut-être des maladies d'abord après. De plus, lorsque nous voyons combien l'état de la peau est influencé par la maladie et le dérangement des viscères, cela doit nous porter non-seulement à noter les symptomes de la maladie intérieure, mais à adopter les meilleurs moyens d'exciter l'une comme un remede pour les affections des autres. Pareillement, l'état de la cervelle et la sécrétion des rognons sont influencés par l'état de la peau et de la transpiration. Tout ceci tend à faire voir que le système nerveux (de même que le système vasculaire) doit être considere comme *un grand tout*, dont chaque partie a bien sa force ion distincte, mais ne saurait jamais, dans l'état naturel, ni dans des cas morbides, en général, être absolument *indépendante* des autres

principal repas, puisque tout mouvement à cette époque dérange la fonction de la digestion, et produit des vents, de l'acidité et des sensations désagréables dans la ligne du canal intestinal. En hiver, au contraire, l'exercice doit se faire au milieu du jour, au lieu que les brouillards du matin et l'air cru du soir doivent être évités.

Généralement parlant, les exercices passifs sont les meilleurs, comme les promenades en voiture, ou à cheval; mais l'escarpolette serait, j'en suis persuadé, un excellent substitut non seulement pour les autres exercices précités, mais pour une promenade sur mer, puisque ses effets sur l'économie animale ont beaucoup de ressemblance.

Quant à la diététique, le malade lui-même connaît généralement assez bien le genre de nourriture qui lui convient le mieux; mais il pourrait faire en cela de grands progrès vers sa guérison, s'il avait assez de résolution pour borner la quantité de sa nourriture jusqu'à concurrence de digestion. Le bilieux ne devrait jamais connaître la satiété à table; autrement il faut s'attendre inévitablement à l'indigestion, aux vents et à l'oppression de la région du cœur. (*)

---

parties de cette portion mystérieuse de notre corps; et que la santé de toutes les fonctions de notre corps est éminemment influencée par ce qu'on a déjà dit au sujet de la *sympathie*, et sur l'importance d'une *égale* distribution d'action vasculaire et nerveuse, selon que l'on fait intervenir à propos ou non l'influence de la peau. *

Le sujet mérite un examen raisonné, tant dans la pathologie que dans la pratique, car on ne jouit de la santé que lorsque les diverses fonctions qui forment ensemble l'économie animale sont parfaites, et une seule fonction ne peut être saine que le tout ne le soit aussi.

(*) « Le régime, dit un ancien médecin, qui se trouvait assez affligé de la dyspepsie pour écrire sa propre épitaphe, dans la persuasion qu'il en aurait bientôt besoin, est la partie la plus importante du traitement. Par la diète seule, il est possible d'adoucir ce qu'il y a de plus cuisant dans la douleur, et d'empêcher la maladie de prendre complètement le dessus. Sans attention à la diète, il faut que le patient renonce à l'espoir de se soustraire à ses maux. Employer les meilleurs remèdes lorsque le régime est négligé, c'est bâtir d'un côté et démolir de l'autre. Lorsque le patient est arrivé à l'état le plus flatteur de convalescence, il aura ruiné tout ce beau résultat par *une seule erreur grave dans la diète*, et il faudra recommencer le traitement » L'observation attentive fera voir en effet que le bien-être et la santé, dans certaines circonstances, sont étroitement liés à cette apparente dure condition. Un bol d'eau de gruau, une assiette de fruit, feront faire au malade dix degrés à reculons; une demi-pinte de vin fort, vingt degrés. D'un autre côté, je suis parfaitement d'accord avec quelqu'un dont les opinions n'ont pas moins de droit

* Il est superflu de dire combien toutes ces fonctions, particulièrement celle de la peau, sont influencées par la graine de moutarde, soit à ceux qui en ont pris eux-mêmes, soit à ceux qui ont eu occasion d'en observer les effets sur les autres.

Il faut aussi faire attention au temps où nous prenons nos repas dans cette classe de maladies. Déjeuner de bonne heure, dîner à une ou deux heures; prendre du thé, ou plutôt du café, à six heures, et peu ou presque point de souper, c'est ce qui convient le mieux à la pluralité des patiens. On doit éviter les végétaux crus et acidules, le fromage, les viandes huileuses et rances, les soupes, les consommés, et toute espèce de confiture. La nourriture animale bien rôtie, le biscuit ou le pain rassis, et la poutinade au riz ou au pain, doivent être les plats ordinaires.

De toutes les boissons, l'eau est la meilleure; mais comme

---

au respect, que *de toujours considérer ce que nous devons manger et ce que nous devons boire, et ce dont nous devons nous vêtir*, pour éviter l'approche de la maladie, est le moyen le plus propre à en provoquer l'attaque En effet, un homme qui se tâte continuellement le pouls, est sujet à en avoir rarement un bon; et celui qui avale sa nourriture par le même principe que sa médecine, ne pourra ni en jouir, ni la digérer aussi bien que s'il mangeait d'après l'impulsion d'un appétit qui n'est l'ouvrage ni de la réflexion, ni du calcul. Le valétudinaire, qui est dans l'habitude de peser ses repas, trouvera généralement qu'ils lui pèsent sur l'estomac. S'il fait une promenade à pied ou à cheval, sans autre but que d'acquérir de la santé, il la trouvera rarement en chemin. » Lors donc que je combats toute *indifférence* sur ce point, je suis loin d'approuver l'excès de soins : la conduite que je propose aux patiens de la classe et de l'état en question ici, est fondée sur une observation qu'a faite quelque part lord Chesterfield au sujet de l'habillement. Sa Seigneurie dit : « Qu'un homme, dès qu'il s'est une fois habillé avec le soin convenable, ne doit plus penser à son habillement le reste du jour. » De même, après avoir réglé son régime, ou en avoir adopté un conforme au modèle le plus digne d'être suivi, un homme sage bannira ce sujet de la pensée. Il se conformera, aussi uniformément qu'il le pourra, aux règles de conduite qui lui ont été tracées, ou que, en vertu de son expérience, il s'est prescrites à lui-même, mais il les aura aussi peu que possible dans son esprit. Je dirais à toutes ces personnes-là : vivez simplement, *régulièrement*, et avec tempérance. A ceux qui ne sont jamais heureux que lorsqu'ils prennent de la médecine (et il y en a beaucoup), j'ajouterais : toutes les fois que vous prendrez votre nourriture, prenez *la médecine* que cet Ouvrage a pour but de recommander : tandis qu'à ceux qui n'y ont recours que comme à un objet de *nécessité*, je ne prescrirais que cette seule ordonnance : ne prenez jamais de repas sans ce *supplément simple*, soit avant, soit après, selon la quantité qu'exige votre cas, excepté ceux dont j'ai parlé (page 42). J'ajouterais *ensuite :* quelques bons effets que je me sente autorisé à vous faire attendre de la médecine que je vous ai recommandée, je ne vous conseille pas d'en attendre trop. Ne comptez pas qu'elle vous dispense *tout-a-coup* de toutes les autres médecines, ou qu'elle vous débarrasse *à l'instant* de toute sensation desagréable. Vous pouvez éprouver de la *difficulté* à l'accommoder à l'économie de vôtre corps, et subir le retour de votre maladie; mais persévérez dans vos efforts à la *rendre* propre aux circonstances de votre cas, et soyez assuré qu'elle *finira par* remplir de point en point l'objet pour lequel je ne crains pas de la recommander si chaudement.

peu de personnes, accoutumées à des liquides enivrans, peuvent se résoudre à goûter le breuvage simple de la nature, on peut former de la manière suivante une boisson très-agréable et très-saine, qui exerce une influence bien salutaire dans la vaste classe des maladies bilieuses et dyspeptiques: dissolvez six gros de carbonate de soude sec dans un quart de bouteille d'eau, et quatre gros et demi d'acide de tartre dans une autre bouteille de même grandeur; au moment d'en avoir besoin, versez plein un verre à boire de chaque bouteille en même temps dans un gobelet, et aussitôt a lieu une effervescence pendant laquelle il convient de boire ce liquide.

Les liqueurs fermentées sont très-généralement nuisibles. Les vins les moins pernicieux sont le véritable Sherry et le Madère. Quant aux esprits, ils sont trop souvent malfaisans; mais si le patient ne veut ou ne peut s'en abstenir, il doit prendre de l'eau-de-vie, bien trempée d'eau chaude ou froide, et sans sucre.

Les malades de ce genre ne doivent pas se fier à leur résolution quant à la quantité; mais comme Ulysse, qui se fit attacher au mât pour éviter les syrènes, il faut qu'ils limitent absolument la quantite de leur boisson et le degré de mélange, pour ne s'en écarter sous aucun prétexte.

Le thé et le tabac, comme herbes narcotiques, sont en général nuisibles; et les infusions spiritueuses et anodynes et remèdes secrets doivent être tout-à-fait proscrits, comme tendant à donner une racine plus profonde à chaque symptôme, tandis qu'ils procurent un soulagement trompeur et temporaire.

Comme le manque de repos pendant la nuit tend à aggraver sensiblement les maladies bilieuses et nerveuses, tout ce qui est propre à interrompre ce soulagement de nos maux doit etre évité avec soin. On peut mettre au premier rang les veilles et les soupers. Le tyran de la *coutume* a tellement interverti l'ordre de la nature quant au tems de se mettre au lit, comme il l'a fait dans *presque tout ce que nous faisons*, que nous portons plus ou moins la peine du mépris de ses lois sacrées. Se coucher de bonne heure et se lever de même, est indispensable dans le traitement de cette classe des maladies humaines, et, généralement parlant, pour la conservation de la santé.

APPENDICE.

On pourrait citer ici un grand nombre d'exemples à l'appui de la doctrine et de la pratique enseignées dans les pages qui précèdent, mais il suffira d'en présenter quelques-uns pour leur donner du crédit.

Un malade rétabli, dont la maladie datait de plus de trente

ans, m'écrit ainsi *la première fois* après m'avoir vu, au sujet de ses maux :

7 février 1826.

» Je suis fâché de vous apprendre que l'heureuse espérance
» que vous m'aviez donnée sur l'efficacité de la graine de mou-
» tarde dans mon cas plus que triste, s'est entièrement éva-
» nouie. Je n'ai cessé, depuis que j'ai quitté Cheltenham, de
» me trouver constamment malheureux, soit parce qu'elle n'a-
» gissait pas, soit parce qu'elle produisait de l'irritation. Je
» crains qu'il ne me faille y renoncer, à moins que vous ne
» puissiez me mettre sur la voie de mieux me gouverner. »

Et ensuite dans une seconde lettre, *la semaine suivante :*

» Vous trouverez du plaisir à apprendre que je recueille les
» fruits de mon obéissance à vos directions; que je n'ai cessé
» de continuer l'usage de la graine de moutarde, que son effet
» stimulant a entièrement cessé, depuis que j'ai pris la boisson
» apéritive combinée avec elle, et qu'à présent j'éprouve
» une amélioration très-considerable dans mes sensations
» générales. »

Un autre, dont la vie a été une anticipation continuelle d'une *plus grande* souffrance que celle à laquelle il avait été accoutumé, s'exprime ainsi ;

26 décembre 1825.

» Je viens de passer le meilleur automne que je me souvienne
» d'avoir jamais passé; je n'ai eu ni maux de tête, ni crampes,
» ni goutte de quelque durée, excepté peut-être un leger res-
» sentiment une ou deux fois, et cela pas assez pour me faire
» avoir recours à un plus grand soulier. J'avais coutume de pren-
» dre fréquemment du mercure doux et des pilules bleues ;
» pendant plusieurs mois avant juillet j'en avais pris rarement;
» depuis lors pas une fois. Je combine quelquefois la graine avec
» un peu de sel ou une couple de petites pilules de la pilule
» de rhubarbe composée ; et lorsque je le fais, j'éprouve ce qu'en-
» tend M. Abernethy, c'est que cela supplée à la pillule
» bleue; en effet, il produit une évacuation, sous le rapport
» de la pureté de la couleur, telle que la pilule bleue n'a ja-
» mais opérée en moi, quoiqu'elle eût particulièrement pour
» objet d'amener ce résultat. Mes pieds, lorsque j'étais levé,
» étaient ordinairement froids ; lorsque j'étais couché, ils
» étaient si secs et si chauds, que j'étais fréquemment obligé

» de les mettre hors du lit, pour que la réaction pût me procurer de l'humidité et du sommeil. Maintenant je ne suis » pas si glacé lorsque je suis levé, et j'ai presque toujours au » lit une légère transpiration aux pieds, surabondance qui » n'avait pas souvent lieu avant que je prisse de la graine de » moutarde. Mon appétit et ma digestion sont bons ; et maintenant je m'attends à passer l'hiver et le printemps sans » mon attaque ordinaire de goutte. »

Voici ce qu'il écrivait touchant son fils, le 18 février 1826 :

» Mon fils a eu un retour de sa toux, qui le tient depuis » trois semaines : il y a trois jours que j'ai osé, avec un pouls » de cent et une toux fatigante continuelle, lui donner de la » graine de moutarde, en disant à son médecin ce que j'allais » faire, et le priant de rendre sa boisson fébrifuge doucement » aperitive. Il a été soumis à ce régime pendant trois jours : » son pouls était à 74 ce matin avant de se lever, et pas au-» dessus de 76, d'après le récit du docteur, au milieu du dî-» ner, et sa toux est infiniment mieux. »

L'effet produit par la graine de moutarde dans ce cas sembla si inexplicable à M. Turnor, à qui on en rendit compte, *prevenu* qu'il était de l'idée que son administration était *inadmissible* dans des circonstances d'irritation générale ou locale, qu'il me pria de lui donner mon opinion par écrit à ce sujet, pour qu'il pût la transmettre au père : c'est ce que je fis par la lettre suivante ; et je suis charmé de l'occasion que me fournit l'expression de son vœu, de parler ainsi publiquement sur un objet qui ne peut que réveiller la sollicitude d'un père pour son fils qui se trouverait dans ce cas, et que je voudrais voir apprécié tant par les sceptiques que par les visionnaires, à l'égard de ce qui a été dit et fait par M. Turnor et moi, afin de rendre tout le monde participant d'un remède à qui on doit déjà tant de résultats, et dont on peut encore tant attendre selon mon opinion.

» Mon cher Monsieur,

» La lettre de M...... que vous m'avez lue ce matin, a ex-» cité au plus haut point mon interêt. Ce qu'il dit de l'effet » de ses trois jours d'administration de la graine de moutarde » à son fils, justifie de la manière la plus frappante la légi-» timité du principe que je soutiens avec tant de chaleur, » toutes les fois qu'il est question de défendre ce que j'appelle » *les premiers* principes de la médecine *scientifique*. Vous m'a-» vez souvent entendu parler de cet état *d'équilibre* que je » crois aussi essentiel à la parfaite *santé* du corps, que l'est » *l'égalité d'âme* au repos entier de l'esprit. Vous ne vous

» étonnerez donc pas quand je vous dirai que je comprends à » merveille comment il s'est fait que la graine de moutarde a » produit un effet si inattendu sur les symptômes plus graves » de sa maladie, et vous m'entendrez quand je vous dirai que » c'est par le *rétablissement de la balance d'action dans le* » *corps* que l'irritation de la poitrine a diminué, que la toux » s'est appaisée, et que le pouls a baissé. Il est à la fois beau » et triste de tracer l'influence universelle de ce principe sur » la grande variété de maux auxquels notre constitution est » sujette. Voir *ainsi* avec quelle invariabilité l'engourdisse- » ment *d'un seul* organe du corps (soit que cet organe soit » la peau, le foie, le canal alimentaire, ou tout autre) pro- » duit du dérangement dans la balance d'action par tout le » corps ; et comment les effets produits sur d'autres organes et » parties de l'économie animale, résultant de leur association » avec cet organe particulier, deviennent, à *leur* tour, causes » ou réagens, qui refoulent vers leur source une aggravation » de ces maux qui en étaient originairement émanés. C'est » être *convaincu* que le système nerveux (et le système vas- » culaire aussi) doit être considéré comme *un grand tout* » dont chaque partie a bien sa destination *distincte*, mais ne » saurait jamais, dans un état naturel, ni dans des situations » morbides, en général, être absolument *indépendante des* » *autres parties* de cette portion mystérieuse de l'édifice ani- » mal ; et avoir la *certitude* que pour être médecins nous devons » être *philosophes*, et que pour être de *vrais* philosophes nous » devons être *Chrétiens*.

» Si vous écrivez à M. ...., vous ne ferez pas mal, je pense, » de le presser vivement de soumettre à une épreuve circons- » pecte la graine de moutarde dans le cas de son fils. Il me » reste, comme vous savez, une *forte* impression relativement » à son applicabilité au but *important* de résister au progrès » de ce cruel ennemi de la santé des Anglais, qui fait si gé- » néralement sa première apparition sous la forme peu alar- » mante d'un simple rhume, assez léger peut-être pour ne » pas être jugé digne de quelque attention. Mais en disant » cela, je ne voudrais nullement que vous en inférassiez qu'il » ne faut pas en même temps que vous lui recommandiez la *sa-* » *gesse* d'adopter tous les autres moyens que les circonstances » *précises* du cas de son fils sembleraient pouvoir indiquer.

» Entr'autres moyens je ne puis m'empêcher de citer une » soigneuse précaution contre les changemens d'atmosphère ; » les calmans sur la peau ; l'uniformité de vêtemens ; l'humec- » tation de la surface avec du vinaigre et de l'eau tiède ; un » exercice bien réglé ; l'habitude de se lever et se coucher de

» bonne heure; observation de la diète, et attention à l'état » des intestins; repas à des heures fixes, etc., etc. Mais j'a- » buse de votre temps, et j'empiète sur les attributions de ceux » à qui le malade est confié; j'ajouterai donc seulement que si » vous croyez que mon adhésion positive soit nécessaire pour » vous autoriser à dire tout cela, vous êtes en pleine liberté » d'envoyer ma lettre à M. . . . . . . dans le cas où vous la juge- » riez propre à adoucir l'anxiété d'un père. «

» Je suis, mon cher Monsieur,

» Votre très-humble et dévoué.

» *Signé* C. T. Cooke.

A la maison d'Essex, 18 février 1826.

A propos de cette partie de ma conviction sur le mérite du remède dont j'ai *tant* parlé, je ne puis m'empêcher de donner plus au long un des nombreux exemples satisfaisans de ses vertus dans cet etat particulier du corps que j'ai eu en vue lorsque j'ai parlé de son usage comme *préventif* de la phthisie, parce que je n'ai plus de doute, soit sur la légitimité des conséquences auxquelles je suis arrivé alors silencieusement, ou sur la stabilité des avantages qui ont été recueillis par la personne en question. Elle a, la dernière heure, paru devant moi dans un état qui m'autorise pleinement à assurer qu'elle a été arrachée des bras de *l'impitoyable destructeur;* sa mère parlera pour elle.

28 février 1826.

» Mon cher Monsieur,

» J'éprouve beaucoup de plaisir à répondre à vos questions » sur l'état passé et présent de la santé de ma fille, et pour » que vous soyez instruit d'une manière plus particulière, je » vous en rendrai un compte aussi exact que je le puis, depuis » l'époque à laquelle je vous parlai d'elle la première fois. Ce » fut, comme vous pouvez vous en souvenir, l'année dernière » à peu-pres à cette époque. Elle était alors souffrante de plu- » sieurs symptômes propres à exciter mes alarmes: tout son » corps était dans un état de faiblesse qui la rendait incapa- » ble d'occupation corporelle ou mentale; elle était *constam- » ment* sujette au rhume et à la toux accompagnée d'une » quantité considérable d'expectorations *tous les matins* en » se levant, et avait des douleurs si fréquentes à la poitrine,

» qu'il était nécessaire de lui appliquer souvent un vésicatoire » à cet endroit. Je ne puis me rappeler *plus en détail* l'état » de son pouls et de sa respiration, sinon qu'ils étaient vifs et » précipités ; il en résultait en conséquence une grande irritabi- » lite générale dans son corps. Elle éprouvait continuellement » aussi des douleurs si aiguës au dos, qu'elle ne se trouvait ja- » mais bien que lorsqu'elle se couchait sur le ventre ; comme » vous savez, je craignis d'abord qu'elle ne souffrît de l'épine » dorsale. Elle avait également perdu tout appétit. Tout en » elle pronostiquait l'existence de cet état du corps que vous » considériez, je le sais, comme précurseur seulement de l'ap- » parence de *maladie*. Il est inutile de vous dire à quel point » elle se trouva soulagée de beaucoup de ces sensations pénibles, » par les moyens qui furent d'abord employés ; c'est plutôt » mon devoir, comme mon désir, de vous parler de ce qui s'est » opéré en elle par *le remède simple* auquel vous l'avez sou- » mise, aussitôt que vous lui reconnûtes la propriété de ré- » parer cet état du corps. Si j'étais portée à passer rapidement » sur mon *présent* exposé, je dirais simplement que dès la pre- » mière semaine qu'elle a pris de la graine de moutarde, elle » a fait des progrès continuels vers cet aspect et cette jouis- » sance de *santé parfaite* dont elle est actuellement en posses- » sion ; mais sachant combien vous y prenez intérêt, je dois » rendre ce nouveau témoignage au mérite de la graine de mou- » tarde, dans des circonstances où il est question d'une cons- » titution que je puis appeler *délicate*, en ajoutant qu'elle n'a » *jamais une seule fois* eu d'autre rhume qu'un bien léger, ni » été tourmentée de la toux pendant l'hiver, ni eu aucun retour » de douleur à la poitrine ou au dos ; que sa force et son ap- » pétit sont tout-à-fait rétablis, et que maintenant son corps » ne montre pas le moindre degré de cette irritabilité que j'ap- » pris autrefois de vous avec tant de plaisir n'être qu'un symp- » tôme de l'affection contre laquelle elle luttait. Ses intestins » sont en bon état ; et je ne puis omettre de dire qu'elle a re- » pris (par l'usage de cette graine, comme je n'en puis douter) » cette régularité *d'ordinaires*, dont l'interruption ne pouvait » qu'ajouter beaucoup à ses premières souffrances. Je dois ter- » miner ce récit en déclarant que je suis réellement étonnée » moi-même de l'enveloppe que son corps (récemment pres- » que en consomption) a acquise : je dois aussi attribuer ceci » aux effets purgatifs qu'à mon avis ce remède a produits sur » *toute l'économie de son corps*.

» Ce n'est pas à son sujet seulement que je suis à même de » rendre temoignage aux effets souverainement bienfaisans de » ce précieux remède ; j'ai une autre fille et un fils qui en ont » ainsi que moi, éprouvé les plus grands services. Je ne puis » m'empêcher d'abuser encore un peu de votre temps pour

» vous dire seulement quelques mots relativement à mon petit
» garçon, qui avait depuis long-temps été le sujet de mes inquiétudes, en raison de fréquentes attaques de maux de tête
» et de vertiges, provenant, comme j'ai tout lieu de le croire,
» d'une chûte qu'il a faite il y a quelques années. Le retour de
» ces attaques avait fini par devenir plus fréquent et par paralyser évidemment son attention pour ses études ordinaires,
» et affecter visiblement sa santé générale. Comme vous m'aviez
» dit que vous ne doutiez pas qu'il ne se trouvât bien de la
» graine de moutarde, je le soumis aussitôt à ce régime il y
» a environ trois mois, et depuis lors jusqu'à présent, il n'a
» pas eu le plus léger retour de ses attaques désagréables; et il
» m'assurait l'autre jour, en me quittant pour retourner au collége, qu'il trouvait que cette graine lui faisait trop de bien
» pour négliger un seul jour d'en prendre. Vous voyez donc
» que j'ai *pleinement* raison de parler avec *admiration* (et ma
» conscience m'en fait une loi) du mérite et des *bienfaisans*
» *effets* de ce remède *béni*, comme je vous ai souvent entendu
» l'appeler. »

» Je suis, mon cher Monsieur,

» Votre, etc. »

Un quatrième s'exprime ainsi sur la vertu du remède judicieusement administré. Sa lettre est aussi datée du 26 décembre :

« Lorsque nous nous séparâmes vous fixâtes à mars l'époque où je devais vous écrire; ainsi le temps fera voir de quels progrès je dois vous rendre compte. Il n'est guère possible d'être plus exempt de souffrance que je le suis maintenant. Je puis être plus fort, et j'espère l'être, et mon espoir est fondé sur ce que j'ai éprouvé depuis que j'ai pris journellement le remède simple que vous m'avez recommandé, et auquel je ne puis qu'attribuer en grande partie ce résultat. J'apprends cependant que des personnes qui ont fait l'épreuve complète des eaux de Cheltenham, comme j'ai fait cet automne, s'en sont constamment bien trouvées long-temps après avoir discontinué les eaux, et je suis porté à bénir les deux ponts qui m'ont conduit sain et sauf. J'espère les fréquenter une fois par an, mais je ne pourrai jamais cesser de prendre de la graine de moutarde qu'avec ma vie. Je n'ai jamais pris de médecine depuis que j'ai quitté Cheltenham, ni été un seul jour sans jouir du plus parfait état que je puisse concevoir des fonctions naturelles, et n'ai cessé d'éprouver d'une manière sensible un surcroît de force. Ma situation a beaucoup attiré les regards, chacun me disant presque tous les jours que ma mine répond entièrement aux effets que j'éprouve. »

Voici ce que me marque un cinquième dans deux lettres datées du 10 novembre et du 4 décembre 1825 :

« Je vous ai promis de prendre deux cuillers à café de graine de moutarde trois fois au lieu de deux fois par jour ; c'est ce que j'ai fait pendant un mois ; la seconde dose journalière en premier lieu après dîner ; mais trouvant qu'elle produisait de l'inconvénient pendant la digestion, je la pris une heure avant dîner ; et d'abord après voyant que la quantité ajoutée était plus que suffisante pour remplir mon but, je revins à ma dose du matin et du soir de deux cuillers à café chaque fois ; et maintenant je trouve nécessaire d'y persister seulement, ce que je fais avec une régularité parfaite. Elle remplit chez moi tous les besoins de ma constitution, produisant ses effets sans occasionner le moindre malaise dans les intestins, ni ces soulèvemens de cœur ou dérangemens de l'estomac, que j'ai sans cesse éprouvé jusqu'ici de chacun des innombrables remèdes que j'ai essayés dans la vue d'obtenir ce qui a *toujours* été (je parle de cinquante ans au moins) le grand objet de mes vœux. Je puis donc dire avec vérité que j'ai obtenu de la graine de moutarde tout ce que je pouvais en attendre et en désirer, et que je continuerai à profiter de ses nombreux et grands avantages.

» Je l'ai, en conséquence, recommandée aux autres plus fréquemment que je n'avais d'abord coutume, et je n'ai point eu lieu de m'en repentir ; si elle a manqué de produire tous les effets qui se sont réalisés d'une manière si précoce dans quelques occasions, elle n'a au moins jamais fait de mal. Le récit de mon fils sur l'avantage qu'il en a recueilli, a toujours été très-flatteur, et il continue à avoir la plus haute opinion de son excellence. »

J'ai reçu de la première personne ci-dessus mentionnée, avec l'autorisation d'en faire l'usage que je trouverais à propos, le témoignage flatteur qu'on va lire de la bonté de ce *remède*, pour sa maladie chronique :

---

26 février 1826.

« Il y a maintenant un mois que j'ai commencé l'usage de la graine de moutarde, et quoique je me sente incapable de décrire avec quelque précision les effets particuliers qu'elle a produits sur ma constitution, *je sens parfaitement* que mes sens tions ant corporelles que morales y ont *gagné*; que *toute l'économie de mon corps* s'est améliorée, tellement que j'éprouve un besoin irrésistible de persévérer dans son usage, et je suis toujours impatient de voir arriver le moment de prendre chaque dose, tant j'en éprouve l'effet agréable aussitôt après. »

La seconde s'exprime en ces termes :

27 février 1826.

» Mon garçon prend maintenant de la graine de moutarde une fois par jour, comme préservatif du rhume : il négligea sa dose hier après dîner, et je la lui fis prendre hier au soir en se couchant. Son pouls n'était qu'à 68 ce matin avant de se lever : la graine ne l'échaufle pas, crainte que semblent avoir tant de personnes. Cet effet n'a lieu, je pense, que dans les cas où elle reserre le corps ; lorsqu'elle tient les intestins ouverts, certainement elle rafraîchit. Je n'ai pas la moindre objection à faire à ce que nos circonstances soient citées, à l'exception de notre nom ; et vous pouvez ajouter, si vous voulez, que j'ai acquis de l'embonpoint sous le régime de la graine de moutarde. »

La quatrième m'a écrit ainsi :

25 février 1826.

» Je continue à me conformer à vos bons avis ; et madame... ainsi que moi, nous avons obtenu de grands succès de votre remède, exemptes (pour la première fois de notre vie à ce que nous croyons) de rhumes d'hiver. Ce résultat est un point de fait ; nous sommes portées à en faire honneur à la graine de moutarde, et probablement votre suffrage se réunira-t-il au nôtre sans peine. »

La cinquième personne, médecin d'un rare mérite, s'exprime comme suit :

25 février 1826.

« Je suis à même de vous confirmer, jusqu'à ce jour, toutes les circonstances du récit qui vous a été fait quelquefois des effets de la graine de moutarde à mon égard, et d'ajouter comme circonstance très-importante, que dans ma soixante-dix-neuvième année j'ai passé l'hiver beaucoup plus exempt d'indispositions catarrhales que je me souviens d'avoir fait depuis plus de vingt ans.

» Comme je vois que les détails ne sont pas épargnés dans les extraits des lettres que je vous ai envoyées, je ne puis voir avec regret que la véri é soit livrée à l'impression; au contraire, j'ai l'espoir qu'il n'en pourra que résulter un avantage plus général.

» Entr'autres cas que vous m'avez transmis pour en prendre lecture, il en est un où l'on parle des effets échauffans de la graine de moutarde, et la même observation m'a été souvent faite à moi-même. Je regarde cette idée comme bizarre, et jamais jene manque de la combattre. »

Un autre docteur de mes amis m'écrit ainsi :

31 mars 1826.

« J'ai visité, ce matin, un homme très-âgé, qui est affligé depuis plusieurs années de l'asthme et d'affections inflammatoires reitérées de la poitrine. Je lui ai conseillé, *il y a un mois*, de prendre plein une cuiller à soupe de graine de moutarde tous les matins une heure avant déjeuner; il a continué cette ordonnance *pendant tout ce temps-là*. Il ne peut maintenant être en meilleure santé à l'âge qu'il a. Avant de le quitter, je lui ai demandé comment il prenait la graine de moutarde; il me dit que c'était dans les *pommes cuites*, et qu'elle produisait les effets les plus salutaires sur son estomac et ses intestins, qui jusqu'ici avaient toujours été constipés. Avant cette époque il était dans la constante habitude de prendre des expectorans, des apéritifs, etc., et maintenant il ne prend aucune espèce de médecine. »

Je dois les détails suivans à M. Turnor, et ce document est précieux, non-seulement parce qu'il fournit une preuve frappante du mérite de la graine de moutarde, tant comme *remède absolument dit* que comme un moyen de rétablir les forces, mais parce que la personne à qui il est dû a résisté pendant long-temps à toutes les instances qu'on lui faisait pour l'engager à profiter de ses bons effets dans son cas plus que déplorable.

7 avril 1826.

« Des sentimens de reconnaissance auraient dû me faire prendre la plume plutôt; peut-être ne serez-vous pas disposé à m'en supposer; mais les individus, aussi bien que le public en général, sont très-redevables à vos efforts pour faire connaître l'efficacité *merveilleuse* de la graine de moutarde. Quant à moi, je puis dire seulement qu'après de cruelles maladies réitérées, qui ont produit une extrême faiblesse et beaucoup d'irritabilité dans les nerfs, ce qui en mettant ma vie en problème, la rendait en même temps peu désirable, j'eus recours *à la fin*, à la graine de moutarde, et maintenant il ne me faut pas autre chose. La dernière addition à votre traité convaincra, j'espère, d'autres incrédules, que les maladies ont plus souvent qu'on ne croit leur source dans l'estomac et ses dépendances, et que la graine de moutarde est un des remèdes les plus étonnans pour régler tout le passage de la gorge à l'extrémité du corps.

« Mon estomac ne pouvait guères supporter que du *coulis de gruau*, et j'étais réduite à la dernière extrémité; mais je puis prendre maintenant de la nourriture tout comme un autre, et fréquemment du vin; et je désire proportionner ma reconnaissance au bien que j'en ai recueilli. »

Je suis aussi redevable à sa bonté de la lettre suivante : elle témoigne hautement en faveur du mérite transcendant du remède simple dont elle parle.

13 avril 1826.

« J'ai promis de vous écrire, et je serais indigne des attentions que vous avez eues pour moi à Cheltenham, et peu reconnaissant du bien que j'ai éprouvé en suivant vos avis, si j'oubliais un moment mon engagement : je n'ai attendu que pour vous rendre un compte plus satisfaisant des résultats de votre recommandation.

» Lorsque j'eus le plaisir de vous voir, je vous appris dans quel état de santé j'avais été pendant les six ou sept dernières années; et que quoique je me portasse *comparativement* bien, je souffrais encore quelquefois beaucoup de la paresse de mon estomac et de mes intestins. Pendant mon séjour à Cheltenham, mes évacuations ne furent pas plus fréquentes que de deux jours l'un, et toujours exiguës, dures et d'une mauvaise couleur. Vos observations me convainquirent que la graine de moutarde me ferait du bien, et je me confirmai complètement dans cette opinion par la lecture de la brochure de M. Cooke lorsque j'y fis mon voyage. Je me mis, par conséquent, à en prendre le soir même de mon retour chez moi, samedi, le 1er du courant, et depuis lors j'en ai pris trois fois par jour, deux grandes cuillers à café chaque fois, par intervalles de six heures. L'effet en a presque été miraculeux. Depuis cette époque j'ai eu chaque jour une évacuation régulière; mon appétit a toujours été bon, mon sommeil paisible, et non seulement mes facultés corporelles, mais encore mes facultés mentales se sont sensiblement fortifiées. Enfin, je n'ai éprouvé aucune sensation désagréable pendant l'intervalle. Dois-je ajouter combien je vous suis redevable pour ce précieux changement dans mon corps?

« Je ne manquerai pas, je ne *puis* manquer de m'unir à vos souhaits bienveillans en faisant tous mes efforts pour faire participer les autres à cette amélioration de santé et de bien-être dont je suis en possession maintenant, et que toute personne, je n'en doute pas, peut acquérir comme moi en adoptant vos avis. »

Mais ce témoignage ne s'arrête point ici. J'ai depuis reçu moi-même une lettre de l'auteur de la précédente :

20 avril 1826.

« Je suis charmé d'apprendre par M. Turnor que vous êtes sur le point de publier une troisième édition de vos observations sur l'efficacité de la graine blanche de moutarde, dans les affections de poitrine, du foie, etc., etc. Ce livre a été beaucoup lu ici et dans le voisinage; aussi beaucoup de personnes se sont-elles décidées à prendre de cette graine d'après vos indications, et je n'ai pas ouï parler d'un *seul* cas dans lequel cette expérience faite convenablement n'ait complètement réussi.

» M. Turnor vous a déjà rendu compte de mes circonstances, et des effets que j'ai éprouvés en prenant de cette graine depuis le 1er courant. Je n'ai pas la moindre objection à ce que vous donniez de la publicité à la lettre que je lui ai écrite, en supprimant seulement mon nom et le lieu de ma demeure. J'ajouterai seulement à ce que j'ai déjà marqué dans la susdite lettre, que je continue à prendre de cette graine, et qu'elle a fait de moi un *nouvel* homme. Mon corps est dans un état régulier de santé; mon appétit et ma digestion sont excellens; mon sommeil calme et rafraîchissant, et toutes les facultés de mon âme, aussi bien que celles du corps, rétablies et renouvelées. »

» Entrer dans les détails qui me concernent moi-même dans toute l'étendue que l'on a paru désirer, serait raconter une *série* de maux dont l'énumération serait aussi ennuyeuse qu'elle *intéressait peu* la plupart de ceux à qui ce long exposé pourra parvenir. Peu de mots suffiront pour que l'on ait une ample connaissance de mon histoire. Dans tout le cours de ma vie, je n'ai su ce que c'était que d'avoir des intestins fonctionnant une seule fois sans le secours de la médecine, ou d'être exempt, pendant plusieurs heures, de tous les désagrémens de l'infirmité et des remèdes qu'elle exige, que lorsque j'ai pris de la graine de moutarde. Je n'avais même jamais pu apprécier jusqu'à ce jour ce qu'il y a dans la vie qui mérite qu'on s'y attache, ou, en d'autres termes *plus convenables*, je ne savais pas ce que c'était que *désirer de vivre*; et tout cela tandis que j'exerçais les foncions d'un état aussi délicat que difficile, d'un état plein d'attraits pour moi, et que j'étais *obligé de prendre* l'apparence de la santé, et d'une situation exempte de toute gêne. »

La petite dont j'ai parlé à la note de la page 41, se porte parfaitement bien : il n'y a pas eu d'effusion subséquente dans la cavité abdominale. Son appétit et sa chair sont revenus. Sa nourriture se digère très-bien, et ses évacuations se font avec régularité. Elle prend toujours sa quantité ordinaire de graine de moutarde.

FIN.

www.ingramcontent.com/pod-product-compliance
Ingram Content Group UK Ltd.
Pitfield, Milton Keynes, MK11 3LW, UK
UKHW012101240726
13965UKWH00004B/1462

9 782013 268844